Andrew Wommack

Lerne von Joseph

Lerne von JOSEPH

Wie du von deinen Träumen zur Bestimmung kommst

Andrew Wommack

Originally published in the USA by

Lessons from Joseph

Die englischsprachige Originalausgabe erschien im Verlag *Harrison House Publishers* unter dem Titel *Lessons form Joseph* © 2024 by Andrew Wommack Ministries. This translation of *Lessons from Joseph* is published by arrangement with Harrison House. All rights reserved.

Die Deutsche Nationalbibliothek verzeichnet diese Publikation in der Deutschen Nationalbibliografie; detaillierte bibliografische Daten sind im Internet über https://dnb.de abrufbar.

Bibelzitate, sofern nicht anders angegeben, wurden der Schlachter Bibelübersetzung entnommen. Bibeltext der Schlachter, © 2000 Genfer Bibelgesellschaft. Alle Rechte vorbehalten. Alle Bibelübersetzungen wurden mit freundlicher Genehmigung der Verlage verwendet. Hervorhebungen einzelner Wörter oder Passagen innerhalb von Bibelzitaten wurden vom Autor vorgenommen.

ELB *Revidierte Elberfelder Bibel,* © 2006 SCM R.Brockhaus, Witten.
EÜ *Einheitsübersetzung der Heiligen Schrift,* © 2016 Kath. Bibelanstalt GmbH, Stuttgart.
KJV *King James Version.*
LUT *Lutherbibel,* © 2016 Deutsche Bibelgesellschaft Stuttgart.
NLB *Neues Leben Bibel,* © 2017 SCM R.Brockhaus, Witten.

Umschlaggestaltung: Harrison House Publishers
Corporate Design: spoon design, Olaf Johannson
Übersetzung: Gabriele Kohlmann
Korrektorat: Thilo Niepel
Satz: Grace today Verlag
Druck: CPI Clausen & Bosse, Leck
Printed in Germany

1. Auflage 2024

Paperback: ISBN 978-3-95933-272-9, Bestellnummer 372272
E-Book: ISBN 978-3-95933-273-6, Bestellnummer 372273

www.gracetoday.de

INHALT

EINFÜHRUNG

Alles dies aber widerfuhr jenen als Vorbild und ist geschrieben worden zur Ermahnung für uns, über die das Ende der Zeitalter gekommen ist. — *1. Korinther 10,11* ELB

Die Dinge, die den Menschen im Alten Testament widerfahren sind, wurden aufgeschrieben, damit wir daraus lernen können. Aus den Erfahrungen dieser Menschen habe ich vieles gelernt, was mir in meinem persönlichen Leben und in meinem Dienst geholfen hat.

Allgemein betrachtet besteht unser Leben aus der Summe der Entscheidungen, die wir treffen. In diesem Buch werde ich das Leben von Joseph beleuchten. Ihm sind zweifellos Dinge widerfahren, die nicht direkt auf seine Entscheidungen zurückzuführen sind. Seine Brüder verkauften ihn in die Sklaverei (1Mo 37,28). Von seinem Dienstherrn wurde er des Ehebruchs mit dessen Frau beschuldigt und ins Gefängnis geworfen (1Mo 39,19–20). Auch wenn Joseph keinen Einfluss auf diese Dinge hatte, so konnte er doch jeweils entscheiden, wie er darauf reagieren würde.

Joseph ist uns ein großartiges Beispiel. Ihm sind schreckliche Dinge widerfahren, die im völligen Widerspruch zu allem standen, was Gott ihm gezeigt hatte, und dennoch ist er immer treu geblieben. Manche der Situationen, die Joseph erlebte, waren nicht von ihm gewollt – er hatte sie nicht direkt herbeigeführt. Das Gleiche gilt meines Erachtens auch für uns. Wir leben in einer gefallenen Welt, und es gibt schlimme Dinge, die auch guten Menschen widerfahren. Doch die Art und Weise, wie wir auf diese schlimmen Dinge reagieren, und die Entscheidungen, die wir treffen, bestimmen den Ausgang für uns.

Man kann zwar auch aus den eigenen schlechten Erfahrungen und Schwierigkeiten lernen, aber so muss es nicht sein. Ich sage den Leuten oft, dass wir selbstverständlich auch durch die harte Schule des Lebens lernen können, aber es gibt eine viel bessere Möglichkeit. Anstatt auf die harte Tour zu lernen, können wir aus den Beispielen anderer Menschen lernen, von den Lehrern in unserem Leben und durch die Geschichten der Menschen aus der Bibel.

Diese Wahrheiten im Leben von Joseph erkennen nur wenige Menschen. Die Meisten nutzen das, was über Joseph geschrieben wurde, nicht zur praktischen Anwendung auf das eigene Leben. Dies ist nicht bloß eine Geschichte über Ereignisse, die vor 4000 Jahren stattgefunden haben. Wir müssen den Bezug zu uns erkennen. Es gibt zahlreiche Parallelen zwischen dem, was mit Joseph geschah, und der Art und Weise, wie Gott in unserem Leben wirkt und der Teufel seine Angriffe gegen uns führt.

Wie Joseph haben wir die Wahl, ob wir bitter oder besser werden. Wir können uns dafür entscheiden, eine gute Einstellung zu bewahren und Gott zu vertrauen. Dies ist eine von Josephs Eigenschaften, die Gott benutzt hat, um zu mir zu sprechen. Joseph zählt zu meinen Lieblingsfiguren in der Bibel und ich habe aus seinem Leben viele Lektionen gelernt, die mich sehr gesegnet haben. Ich bin überzeugt, dass sie auch dich segnen werden.

KAPITEL 1

Gott spricht durch Träume

Soweit ich die Bibel verstehe, gibt es nur drei bedeutende Personen im Alten Testament, die nicht getadelt wurden: Joseph, Samuel und Daniel.

Mose tötete einen Mann, weil er dachte, es sei Gottes Wille (2Mo 2,12). Er wurde zornig und tat Dinge, die gegen Gottes Willen verstießen, und deshalb ließ ihn der Herr nicht ins verheißene Land einziehen (4Mo 20,12; 5Mo 34,4). Elia rief Feuer vom Himmel herab (1Kö 18,36–38) und vollbrachte große Taten, aber er war derart von Stolz erfüllt, dass er vor Isebel davonlief und Gott bat, ihn zu töten (1Kö 19,2–4); deshalb nahm Gott ihm das Amt weg und gab es Elisa (2Kö 2,11–13). David war ein Mann nach Gottes Herzen (1Sam 13,14), aber er beging Ehebruch mit Bathseba (2Sam 11,1–5), und als diese schwanger wurde, schickte er ihren Ehemann Uria in den sicheren Tod, um es zu vertuschen (2Sam 11,15.24.26).

Auch Paulus im Neuen Testament hatte einige große Probleme. Unter anderem gab er (als Saulus) sein Einverständnis zur Steinigung von Stephanus, dem ersten christlichen Märtyrer (Apg 7,58–60 und 8,1). Dann war da noch Petrus, der ständig etwas Falsches sagte oder tat. Manchmal scheint es, als hätte Petrus seinen Mund nur dazu geöffnet, um ins nächste Fettnäpfchen zu treten!

Die Bibel beschönigt diese Charaktere keineswegs. Sie zeigt sie mit all ihren Schwächen und schildert ihr Versagen ebenso wie ihre Erfolge. Und es gibt durchaus Dinge, die wir von ihnen lernen können.

Überall in der Bibel ist zu sehen, dass Gott unvollkommene Menschen gebrauchte und segnete. Das zeigt die Gnade Gottes in Aktion, und man kann viel daraus lernen. Ich behaupte nicht, dass Joseph perfekt war. Niemand ist perfekt. Aber Joseph ist eine von nur drei Personen im Alten Testament, von denen ich weiß, dass nichts Negatives über sie berichtet wird.

Einige Leute werden dem widersprechen und sagen: »Na ja, Joseph war ein verwöhnter Bengel und hat sich über seine Brüder erhoben. Es war seine Arroganz, die ihn in Schwierigkeiten brachte und all diese schlimmen Folgen verursachte.« Manche meinen auch, Joseph habe seine Brüder, als sie nach Ägypten kamen, schlecht behandelt, weil er sich an ihnen rächen wollte (1Mo 42,6–9). Doch all das ist unvereinbar mit dem, was das Wort Gottes lehrt.

In Sprüche 16,18 steht in der Bibel: »Stolz kommt vor dem Zusammenbruch, und Hochmut kommt vor dem Fall.« Und in 1. Petrus 5,5 heißt es: »Gott widersteht den Hochmütigen; den Demütigen aber gibt er Gnade.« Wäre Joseph das stolze, verwöhnte und arrogante Kind gewesen, für das ihn schon viele Leute gehalten haben, dann hätte er garantiert nie die Segnungen und Beförderungen erlebt, von denen wir in der Bibel lesen.

Ich denke ja, dass manche Leute deshalb auf diese Gedanken kommen, weil sie Joseph anhand dessen beurteilen, was sie in einer vergleichbaren Situation selbst getan hätten. Sie übertragen einfach ihre eigene Persönlichkeit auf ihn. Doch die Bibel lehrt etwas anderes. Tatsächlich berichtet sie, dass Joseph sich selbst gedemütigt hat. Der biblische Bericht zeigt ihn von seiner Jugend bis ins Erwachsenenalter als einen treuen, gewissenhaften Menschen.

Anhand von Beispielen lernen

Ich glaube, dass man die Dinge, die Gottes Wort über Joseph sagt, nehmen und auf das eigene Leben anwenden kann. Doch viele Menschen denken nicht so, wenn sie die Bibel studieren. Sie lesen die Schilderung von Josephs Leben und sagen: »Ich habe Mühe, über die Runden zu kommen. Ich versuche, Beziehungen zum Laufen zu bringen. Was sollten Dinge, die jemandem vor Tausenden von Jahren passiert sind, mit mir zu tun haben?«

Nun, der Apostel Paulus schrieb, dass alles, was im Alten Testament festgehalten wurde, zu unserem Nutzen da ist, damit wir daraus lernen können, was wir tun und was wir besser lassen sollten (1Kor 10,11). Und aus Josephs Leben können wir meines Erachtens eine Menge lernen. Sein Beispiel sollte uns zeigen, was es bedeutet, demütig vor dem Herrn zu sein und auch dann treu zu bleiben, wenn unsere Umstände anders aussehen, als sie unserer Vorstellung nach sein sollten.

Mit acht Jahren erlebte ich die Wiedergeburt. Ich habe in meinem Leben noch nie geflucht. Ich habe noch keinen einzigen Schluck Alkohol getrunken. Ich habe nie eine Zigarette geraucht. Ich habe ein heiliges Leben geführt. All das sage ich nicht, um mir selbst auf die Schulter zu klopfen, denn nichts davon bringt mir bei Gott etwas ein. In Römer 3,23 heißt es: »Denn alle haben gesündigt und verfehlen die Herrlichkeit, die sie vor Gott haben sollten.« Ich habe nicht vor, der beste Sünder zu sein, der je in die Hölle gekommen ist. Wie jeder andere, musste auch ich gerettet werden.

Ich will damit lediglich sagen, dass ich mich aus dem Grund nicht in Ehebruch, Drogenkonsum oder anderem schädlichen Verhalten verstrickt habe, weil ich von Kindesbeinen an das Wort Gottes studiert habe. Es lehrte mich, diese Dinge zu meiden. Das ist einer der Vorteile, wenn man das Leben dieser Menschen studiert, mit der Folge, dass mein eigenes Leben sehr gesegnet ist.

Ich weiß noch, dass ich in jungen Jahren über David las, dass er ein Mann nach Gottes Herzen war (1Sam 13,14). David zog aus und kämpfte gegen Goliat (1Sam 17,3–54) und tat alle möglichen großartigen Dinge, aber dann wandte er seinen Blick vom Herrn weg. Er verfiel der Sünde mit Bathseba (2Sam 11,1–5) und tötete ihren Mann Uria (2Sam 11,15–26). Als Folge seines Verhaltens wurde Davids Tochter Tamar von seinem Sohn Amnon vergewaltigt (2Sam 13,1–19). Amnon wurde dafür von einem anderen Sohn, Absalom, getötet (2Sam 13,22–29). Absalom wiederum wurde von Davids Feldherrn umgebracht (2Sam 18,9–15). Und Adonia, ein weiterer Sohn, wurde getötet, nachdem er versuchte, Davids Thron zu besteigen (1Kö 2,12–25).

All diese schrecklichen Dinge geschahen, weil David durch die Sünde Satan Zutritt zu seinem Leben und seiner Familie gewährte. Schon als ganz junger Mann begriff ich, welch verheerende Folgen dieser Ehebruch für David und seine Familie hatte. Ich las in der Bibel und lernte am Beispiel Davids, dem Teufel nicht durch Sünde die Tür zu öffnen. Ich musste nicht erst durch die harte Schule des Lebens gehen und all diese Dinge selbst durchmachen.

Manche Menschen sind allerdings wie Gänse. Sie wachen jeden Morgen in einer für sie neuen Welt auf; sie haben keine Erinnerung an die Vergangenheit. Sie denken nicht darüber nach, was anderen Menschen widerfahren ist. Stattdessen ziehen sie los und lernen am eigenen Leib, dass es falsch ist, als Drogenabhängiger, Alkoholiker oder Ehebrecher zu leben.

Sie lassen sich treiben und frönen dem Genuss. Erst nachdem sie alle Arten von Schmerz und Leid erlitten haben, kommen sie wieder zur Besinnung und sagen: »Das hätte ich nicht tun sollen!« Nun, ich kann dir sagen, dass es einen besseren Weg gibt.

Du kannst das Wort Gottes lesen und aus den Fehlern anderer lernen.

Vielleicht denkst du jetzt: *Gott, wie komme ich von da, wo ich bin, dorthin, wo du mich haben willst?* In 1. Mose 41 wird Joseph in weniger als vierundzwanzig Stunden von seinem Gefängnisloch in den Palast befördert, jedoch ging dieser einschneidenden Veränderung eine dreizehn Jahre andauernde Entwicklungsphase voraus. Aus Josephs Erfahrung lassen sich Dinge lernen, die dein Leben verändern und dir eine Menge Leid ersparen würden. Es könnte tatsächlich die Antwort auf deine Gebete sein, wenn du bereit bist, sie anzunehmen.

Die Macht der Träume

Die Geschichte von Joseph beginnt mit zwei Träumen. Diese Träume zu verstehen, ist für das Verständnis von Josephs Geschichte sehr wichtig.

> *Joseph aber hatte einen Traum und verkündete ihn seinen Brüdern; da hassten sie ihn noch mehr. Er sprach nämlich zu ihnen: Hört doch, was für einen Traum ich gehabt habe: Siehe, wir banden Garben auf dem Feld, und siehe, da richtete sich meine Garbe auf und blieb stehen; und siehe, eure Garben stellten sich ringsumher und warfen sich vor meiner Garbe nieder! Da sprachen seine Brüder zu ihm: Willst du etwa unser König werden? Willst du über uns herrschen? Darum hassten sie ihn noch mehr, wegen seiner Träume und wegen seiner Reden. Er hatte aber noch einen anderen Traum, den erzählte er seinen Brüdern auch und sprach: Seht, ich habe wieder geträumt, und siehe, die Sonne*

und der Mond und elf Sterne beugten sich vor mir nieder!
— 1. Mose 37,5–9

Gott redet durch Träume. Das ist eine biblische Tatsache. Im Alten Testament gibt es fünfzehn Fälle, in denen Gott durch Träume gesprochen hat. Einige davon kommen in Josephs Geschichte vor: Zweimal sprach er zu Joseph selbst (1Mo 37,5.9), zweimal zum Pharao (1Mo 41,1–8) und je einmal zum obersten Mundschenk (Hofbediensteten) und zum obersten Bäcker des Pharao (1Mo 40,9.16).

Manche Menschen messen Träumen überhaupt keine Bedeutung bei, zu mir jedoch spricht Gott ständig durch Träume. Ich höre in Träumen laufend von ihm. Es vergeht kaum eine Woche, ohne dass Gott mir im Traum etwas offenbart.

Ich bin das, was man einen luziden Träumer nennt. Wenn ich träume, kann ich manchmal nicht unterscheiden, ob ich schlafe oder ob ich wach bin. Das liegt daran, dass mein Gehirn im Schlaf genauso aktiv ist wie im Wachzustand. Ich merke nur dann, dass es ein Traum ist und ich nicht einfach nur denke, wenn ich dabei etwas erlebe, das fernab der Realität liegt, wie zum Beispiel durch den Sand zu laufen und nicht vom Fleck zu kommen.

Einmal hatte ich einen Traum, in dem ich einer von Jesu Jüngern war. Der Traum war so plastisch, dass ich dachte, er sei real. Ich sah, wie er Tote auferweckte und Blinden das Augenlicht schenkte. Es war fantastisch! Ich freute mich gerade mit den anderen Jüngern über all die Dinge, die wir gesehen und gehört hatten. Dann wirbelte Jesus herum, streckte mir den Finger ins Gesicht und fragte: »Und was sagst du, wer ich bin?«

Obwohl ich in diesem Traum gesehen hatte, wie Jesus all diese wunderbaren Dinge tat, brauchte ich beim Blick in sein menschliches Gesicht all meinen Glauben, um sagen zu können: »Du bist der Christus, der Sohn des lebendigen Gottes« (Mt 16,16). Weil dieser Traum so realistisch gewesen war, konnte ich besser verstehen, was die Jünger durchgemacht haben müssen, während sie Jesus nachfolgten. Ich verstand auch, warum es ein Segen für uns ist, Jesus durch die Schriften der Bibel und mit dem Zeugnis des innewohnenden Heiligen Geistes sehen zu dürfen.

Nicht jeder meiner Träume kommt von Gott, aber er spricht oft im Traum zu mir. Ich habe Träume, in denen mir eine Person in den Sinn kommt, die ich seit Jahren nicht mehr gesehen habe, und in dem Traum bete ich für sie. Gott zeigt mir, dass dieser Person gedient werden muss. Wenn das passiert, stehe ich auf und versuche, sie zu kontaktieren.

Träume können Worte von Gott sein. Er sprach zu Daniel durch Träume. Auch zu König Nebukadnezar sprach Gott durch Träume. In Daniel 2,1 steht:

> *Und im zweiten Jahr der Regierung Nebukadnezars hatte Nebukadnezar Träume, sodass sein Geist sich beunruhigte und er nicht mehr schlafen konnte.*

Als Nebukadnezar aufstand, wusste er, dass der Traum wichtig war. Er konnte sich nicht mehr an ihn erinnern, aber er wusste, dass Gott durch diesen Traum zu ihm gesprochen hatte.

Ähnliches widerfuhr Josef, Marias Verlobtem, bevor Jesus geboren wurde. Gott sprach zu ihm (Mt 1,18–21) über die Geburt von Jesus und später darüber, dass sie nach Ägypten fliehen sollten (Mt 2,13).

Das Gleiche erlebte der Pharao hier in Josephs Geschichte, doch darauf werden wir erst später eingehen.

Bedeutsamkeit erkennen

Ich sage nicht, dass jeder Traum von Gott kommt. Manchmal ist ein Traum so absurd, dass er nur von zu viel fettiger Pizza kommen kann.

Ich erinnere mich an einen Traum aus der Zeit, als es uns finanziell sehr schlecht ging. In dem Traum gab ich meinen Dienst auf und ging zur Luftwaffe, um unsere Schulden abtragen zu können. So etwas würde ich in der Realität niemals tun, aber dieser Traum erschien mir so echt, dass ich richtig erleichtert war, als ich aufwachte. Ich lag im Bett und dachte: *Das war bloß ein Traum. Ich danke dir, Jesus, dass ich nicht zur Luftwaffe gegangen bin!* Doch Jamie war direkt neben mir und sagte: »So schlimm war es doch nicht, dass du zur Luftwaffe musstest.« Mein Herz begann zu hämmern und ich dachte: *O Gott! Das war also gar kein Traum!* Später fand ich heraus, dass ich im Schlaf geredet hatte. Jamie hatte alles mit angehört und dann beschlossen, sich einen Spaß daraus zu machen.

Doch Gott spricht tatsächlich durch Träume. Wenn das geschieht, wirst du in deinem Herzen einfach wissen, dass es etwas zu bedeuten hat, dass irgendetwas daran wichtig ist.

Diese Träume, die Joseph hatte, waren von großer Bedeutung. Ich glaube, dass sie für ihn richtungsweisend waren. Gott gab Joseph ein Ziel für sein Leben und sagte ihm, dass er so erhöht werden würde, dass sogar seine Familienmitglieder kommen und sich vor ihm verbeugen würden. Das gab die Richtung für sein Leben vor. Diese Träume waren Gottes Reden zu ihm. Gott wollte ihn in eine hohe Autoritätsposition bringen und Joseph hielt an diesem Wort fest.

Behalte im Verlauf dieser Geschichte im Sinn, dass Joseph nicht einfach nur ein Junge war, der zwei Träume gehabt und seiner

Familie zufällig davon erzählte hat, ehe er dann in alle möglichen Schwierigkeiten geriet. Diese Träume hatten großen Einfluss auf sein Leben. Und ich bin überzeugt, dass diese Träume ihn am Leben hielten.

Zu den Dingen, die ich gelernt habe, gehört, dass Gott, bevor er dich auf eine Reise schickt, dir etwas über diese Reise offenbaren wird. Er wird dich auf die Probleme und Situationen vorbereiten, mit denen du auf dem Weg konfrontiert sein wirst.

Als der Herr am 23. März 1968 mein Leben berührte, wusste ich schon am nächsten Morgen, dass ich Menschen in der ganzen Welt dienen würde. Ich hatte keine Ahnung, *wie* das zustande kommen würde, aber es war, als hätte Gott mir etwas gezeigt, das geschehen würde. Dann, viele Jahre später, erlebte ich, wie Gott erstaunliche Dinge in meinem Leben und meinem Dienst wirkte. Es war fantastisch! Schon damals, im Jahr 1968, zeigte Gott mir, wohin es für mich gehen würde. Ich kannte keine Details. Ich wusste nicht, wie ich dorthin gelangen sollte. Es gab eine Menge Dinge, die ich nicht wusste! Aber er legte einen Traum in mein Herz. Und ich glaube, das ist etwas, was Gott für jeden tut.

In Sprüche 29,18 (KJV) heißt es:

Wo es keine Vision gibt, geht das Volk zugrunde.

Du brauchst eine Vision für dein Leben. Sicherlich wird es eine Menge Details geben, die du nicht sofort wissen wirst, und Gott will auch gar nicht, dass du sie kennst. Wenn Gott den Menschen alles offenbaren würde, was passieren wird, wenn sie seine Vision für ihr Leben verfolgen, würden viele von ihnen garantiert in die andere Richtung davonlaufen. Sie würden vielleicht sagen: »Gott, das ist eine Nummer zu groß für mich. Zwischen hier und dort gibt es einfach zu viel zu ertragen.«

Andere wiederum könnten so ungeduldig werden, dass sie ihren Verpflichtungen nicht nachkämen. Sie würden sich nicht die Zeit nehmen, um das zu lernen, was sie für ihr Wachstum und für die Erlangung des Segens bräuchten, den Gott in ihr Leben bringen möchte.

Es gibt viele Gründe, warum Gott dir nicht alles zeigt, doch er wird dir eine Vision geben und dir die Richtung weisen, in die er dich führen will. Gott muss dir eine Vision geben, bevor du seinen Plan für dein Leben verwirklicht sehen kannst.

Ich weiß, dass einige Leute, die das jetzt lesen, denken werden: *Ich habe aber keine Vision für mein Leben.* Ich sage das jetzt in aller Liebe (Eph 4,15), aber das ist einer der Gründe, warum dein Leben keinen größeren Einfluss auf irgendwen oder irgendetwas hat. Du kennst einfach nicht Gottes Vision für dein Leben. Doch Gott *hat* ein Ziel und eine Vision für dich!

KAPITEL 2

Es gibt einen Plan für dein Leben

Denn du hast meine Nieren gebildet; du hast mich gewoben im Schoß meiner Mutter. Ich danke dir dafür, dass ich erstaunlich und wunderbar gemacht bin; wunderbar sind deine Werke, und meine Seele erkennt das wohl! Mein Gebein war nicht verhüllt vor dir, als ich im Verborgenen gemacht wurde, kunstvoll gewirkt tief unten auf Erden. Deine Augen sahen mich schon als ungeformten Keim, und in dein Buch waren geschrieben alle Tage, die noch werden sollten, als noch keiner von ihnen war. — Psalm 139,13–16

Im Wesentlichen sagt diese Bibelstelle aus, dass alle deine Tage im Buch des Herrn geschrieben standen, bevor es auch nur einen einzigen dieser Tage gab. Das bedeutet, Gott hatte bereits einen Plan für dich, als du noch im Mutterleib warst. Es ist nicht so, dass er dich wie eine Gehpuppe aufzieht und einfach loslaufen lässt, und du tust dann eben das, was du für richtig hältst. Gott hat für jeden von uns einen Plan.

T. E. Lawrence (1888–1935) – der Mann, der gemeinhin als »Lawrence von Arabien« bekannt ist – sagte einmal: »Alle Menschen träumen, aber nicht alle gleicherweise. Diejenigen, die in der Nacht in den staubigen Nischen ihres Verstandes träumen, wachen am Tag auf und wissen, dass es nur Schäume waren; aber die Tagträumer sind gefährliche Menschen, denn sie könnten ihre Träume mit offenen Augen ausleben, um sie zu verwirklichen.«[1]

Das entspricht nicht unbedingt unserer heutigen Redeweise, dennoch vermittelt es eine mächtige Wahrheit. Sie besagt, dass alle Menschen träumen, jedoch nicht alle in gleicher Weise. Für manche Menschen hat ein Traum keine Bedeutung, weil sie aufwachen und der Traum verflogen ist. Doch dann gibt es andere, die mit offenen Augen träumen. Mit anderen Worten, es geht hier nicht lediglich um Dinge, die sich im Unterbewusstsein abspielen. Es geht darum, eine Vision für das eigene Leben zu haben.

Menschen, die eine Vision haben, leben mit einem Ziel vor Augen. Sie sind nicht wie Flipperkugeln, die abgeschossen werden und willkürlich gegen alle möglichen Hindernisse prallen. Ihr Leben besteht nicht darin, auf alles einfach nur zu reagieren. Menschen, die ein Ziel für ihr Leben haben – die von Visionen und Träumen angetrieben werden –, sind gefährliche Menschen. Das sind die Menschen, die den Lauf der Welt verändern.

Wenn du morgens nicht mit einem gewissen Maß an Begeisterung über Gottes Vision für deinen Lebensweg aufstehst, dann verpasst du, worum es im Leben wirklich geht. Du musst wissen, dass Gott eine Bestimmung für dein Leben hat. Du musst herausfinden, worin diese besteht, und dann anfangen, dich in diese Richtung zu bewegen.

Gott hat eine Vision für einen jeden Einzelnen von uns. Er hat noch nie einen Versager oder Nichtsnutz geschaffen. Gott hat niemals jemanden erschaffen, damit derjenige nur unnötig Platz wegnimmt und dann stirbt. Gott hat einen Plan für dein Leben, der besser ist als alles, was du dir jemals vorstellen könntest. Damit du jedoch Gottes Plan erfüllen kannst, musst du eine gewisse Vorstellung davon haben, was er für dich auf Lager hat. Und aus dem gleichen Grund bekam Joseph diese Träume vom Herrn.

Diese Träume zeigten Joseph, dass er gegenüber seinen Brüdern eine höhere Stellung einnehmen würde und dass sie sich vor ihm verbeugen würden – und genau so fassten Josephs Brüder es auch auf! In 1. Mose 37,8 sehen wir, wie sie darauf reagierten:

> *Willst du etwa unser König werden? Willst du über uns herrschen? Darum hassten sie ihn noch mehr, wegen seiner Träume und wegen seiner Reden.*

Schüre keinen Unfrieden

Um zu verstehen, warum Josephs Brüder so reagierten, muss man mehr über ihre Familie wissen.

> *Dies ist die Geschichte Jakobs: Joseph war 17 Jahre alt, als er mit seinen Brüdern das Vieh hütete, und er war als Knabe bei den Söhnen Bilhas und Silpas, den Frauen seines Vaters; und Joseph brachte vor ihren Vater, was man ihnen Schlimmes nachsagte. Israel aber hatte Joseph lieber als alle seine Söhne, weil er ihn in seinem Alter bekommen hatte; und er hatte ihm einen bunten Leibrock machen lassen. Als nun seine Brüder sahen, dass ihr Vater ihn lieber hatte als alle seine Brüder, hassten sie ihn und wollten ihn nicht mehr mit dem Friedensgruß grüßen. — 1. Mose 37,2–4*

Jakob war Josephs Vater. Zu einem früheren Zeitpunkt seines Lebens hatte Jakob mit einem Engel gerungen (1Mo 32,24–32), und dieser Engel benannte ihn daraufhin in Israel um (1Mo 32,28). In dieser Geschichte wird Josephs Vater also Jakob *und* Israel genannt.

Jakob hatte vier Ehefrauen. Er nahm Rahel zur Frau, nachdem Laban ihn getäuscht und dazu gebracht hatte, zuerst ihre Schwester Lea zu heiraten (1Mo 29–30). Rahel und Lea hatten beide jeweils eine Sklavin, Bilha und Silpa. Am Ende hatte Jakob also vier Frauen und zwölf Söhne. Joseph war der elfte davon (1Mo 30,24), der Erstgeborene von Rahel, und er hatte einen jüngeren Bruder namens Benjamin, der in seiner Geschichte noch eine wichtige Rolle spielen würde (1Mo 35,18.24).

Wenn wir zurückgehen und uns die Geschichte Jakobs anschauen, sehen wir, dass Rahel seine Lieblingsfrau war. Sie war diejenige, die er wirklich liebte und heiraten wollte (1Mo 29,18–21), doch sein zukünftiger Schwiegervater trickste ihn aus, sodass er vorher Lea, die ältere Schwester, heiraten musste (1Mo 29,22–27). Jakob mochte Lea nicht, und deshalb verschloss Gott Rahels Leib, damit sie nicht sofort Kinder bekommen konnte (1Mo 29,31). Lea gebar vier Söhne (1Mo 29,32–35), weshalb Rahel ihre Dienerin an Jakob übergab, damit er Kinder mit ihr für Rahel zeugen könnte (1Mo 30,3–4).

Schließlich bekam Rahel zwei eigene Söhne, Joseph und Benjamin (1Mo 35,24). Weil Joseph der Erstgeborene seiner Lieblingsfrau war, liebte Jakob ihn mehr als alle seine anderen Kinder (1Mo 37,3). Außerdem war Joseph der Sohn seiner alten Tage.

Eltern sollten ein Kind nicht einem anderen vorziehen, unabhängig davon, ob das eine Kind vielleicht hübscher, begabter oder gehorsamer ist als das andere. Auch hier geben viele Menschen Joseph die Schuld für den Neid seiner Brüder, aber Situationen wie diese zeigen, dass Jakob derjenige war, der Schuld hatte. In 1. Mose 37,4 (NLB) heißt es: »Seine Brüder hassten Joseph, weil sie merkten, dass ihr Vater ihn lieber hatte als sie, und redeten kein freundliches Wort mehr mit ihm.« Es war Israels (Jakobs) Bevorzugung von Joseph, die Josephs Brüder gegen ihn aufbrachten.

Sie bemühten sich nicht einmal, ihren Neid und Hass auf Joseph zu verbergen. Ein Kind sollte nicht auf diese Weise gegenüber seinen Geschwistern bevorzugt werden.

In Jakobus 3,16 heißt es: »Denn wo Neid und Selbstsucht ist, da ist Unordnung und jede böse Tat.« Wenn du auf eine andere Person neidisch bist, öffnet das dem Teufel Tür und Tor für alles, was er in deinem Leben anrichten will. Ich bin also nicht der Ansicht, dass der Neid und die Eifersucht dieser Brüder von Joseph verursacht wurden.

Bestätigende Träume

Joseph war erst siebzehn Jahre alt, als sich die in 1. Mose 37,2–11 geschilderten Ereignisse zutrugen. Es gibt keinen Hinweis darauf, dass Joseph seinen Brüdern von dem Traum erzählte, um sie damit herabzusetzen. Ich glaube, es war einfach die Unschuld eines siebzehnjährigen Jungen. Gott gab Joseph diesen Traum, in dem es darum ging, dass er auf eine solch hohe Stellung befördert werden würde, dass sogar seine Brüder kommen und sich vor ihm verbeugen würden. Ich glaube nicht, dass er dies in der Absicht sagte, es ihnen unter die Nase zu reiben. Er war einfach begeistert.

Das Schlimmste, was man Joseph in dieser Situation zur Last legen könnte, wäre Unreife. Wäre er reifer gewesen, hätte er vielleicht die besondere Aufmerksamkeit und Liebe seines Vaters von sich weglenken und die Ablehnung seiner Brüder irgendwie abmildern können. Aber die Bevorzugung durch seinen Vater brachte ihn in diese Situation mit seinen Brüdern, und sie hassten ihn deswegen.

An der Reaktion der Brüder kann man ablesen, dass die Deutung dieses Traums für sie völlig klar war. Joseph würde sich über seine Brüder erheben und sie würden sich eines Tages vor ihm verbeugen. Dieser Traum wiederholte sich zur Bestätigung, wenngleich auch etwas abgewandelt:

> *Er hatte aber noch einen anderen Traum, den erzählte er seinen Brüdern auch und sprach: Seht, ich habe wieder geträumt, und siehe, die Sonne und der Mond und elf Sterne beugten sich vor mir nieder! — 1. Mose 37,9*

Später, in 1. Mose 41,32 steht Joseph vor dem Pharao und deutet dessen Träume. Joseph sagt zu ihm:

> *Dass aber der Pharao den Traum zweimal hatte, das bedeutet, dass die Sache bei Gott fest beschlossen ist und dass Gott es rasch ausführen wird.*

Joseph, der unter der Inspiration des Heiligen Geistes sprach, sagte, wenn zwei Träume dasselbe aussagen, stehe die Sache fest und werde sich bald erfüllen. Es kann nichts daran geändert werden.

Joseph hatte zwei Träume, die besagten, dass er über seine Brüder erhoben werden würde. Da diese beiden Träume denselben Sachverhalt veranschaulichten, bedeutete dies demnach, dass der Ausgang nicht geändert werden könnte – das Ereignis würde exakt so eintreten. Dann erzählte Joseph seinem Vater von dem zweiten Traum.

> *Sein Vater [tadelte ihn] und sprach zu ihm: Was ist das für ein Traum, den du geträumt hast? Sollen etwa ich und deine Mutter und deine Brüder kommen und uns vor dir bis zur Erde niederbeugen? — 1. Mose 37,10*

Die Sache war ganz klar. Jakob waren Träume von Gott nicht fremd (1Mo 28,12 und 31,10–13) und er verstand, was Josephs Traum bedeutete. Er bedeutete, dass Joseph über seinen Vater und seine Mutter (die Sonne und den Mond) erhoben werden würde, und dass seine Brüder (die elf Sterne) kommen und sich vor ihm verbeugen würden.

Joseph wurde von Gott gezeigt, in welche Richtung es für ihn gehen würde – er würde befördert werden, und daran hielt Joseph fest. Es ist enorm wichtig, dass man sich von den Umständen und Problemen des Lebens nicht aus der Bahn werfen lässt. Das gehört zu den Dingen an Joseph, die mich wirklich inspirieren: Unabhängig davon, was mit ihm geschah, behielt er die Träume, die Gott in sein Herz gelegt hatte, stets vor Augen. Sie wurden zur Motivation und alles beherrschenden Kraft in seinem Leben. Ich glaube nicht, dass er das, was Gott ihm gezeigt hatte, jemals abgeschrieben hat.

Weiter heißt es, dass Josephs »Brüder eifersüchtig auf ihn [waren]; aber sein Vater bewahrte das Wort« (1Mo 37,11 ELB). Auch wenn Jakob Joseph für seinen Traum tadelte, schenkte er diesem Beachtung. Jakob bewahrte das Gesagte in seinem Herzen. Das Gleiche wurde von Maria gesagt (Lk 2,48), als sie Jesus tadelte (Lk 2,46), weil er drei Tage lang weg gewesen war und mit den Ältesten im Tempel gesprochen hatte. Jesus wies den Tadel seiner Mutter zurück, indem er sagte:

> *Weshalb habt ihr mich gesucht? Wusstet ihr nicht, dass ich in dem sein muss, was meines Vaters ist? — Lukas 2,49*

Und es heißt, dass Maria »alle diese Worte in ihrem Herzen [behielt]« (Lk 2,51). Sie erwog sie in ihrem Herzen. Maria verstand vielleicht nicht alles von dem, was mit Jesus passierte, aber sie war entschlossen, darüber nachzudenken. Ich denke, genauso ist es auch Jakob ergangen, als Joseph ihm seinen Traum von Gott offenbarte.

Gottes Vision sehen

Jeder von uns hat Träume. Gott offenbart dir Dinge, und er tut es, um dich vorzubereiten. Zwischen dem Moment, in dem Gott dir die Bestimmung für dein Leben zeigt, und dem Moment, in dem du siehst, dass sie sich verwirklicht, wird viel Zeit vergehen und es wird Widerstand geben – Probleme werden auftauchen. Und wenn du nicht an den Träumen festhältst, die Gott dir gegeben hat, wird das die Dinge mit Sicherheit noch sehr viel schlimmer machen.

Deine Vorstellungskraft ist das Mittel, durch das du eine Vision bekommst. Sie ist die Fähigkeit, etwas im Inneren zu sehen, das im Äußeren nicht sichtbar ist. Du kannst es nicht mit deinen physischen Augen sehen, aber du kannst es mit deinem Herzen sehen. Mit deinem Herzen siehst du die Vision Gottes für dein Leben.

Wenn man nicht weiß, wohin man will, führt jede beliebige Straße ans nicht vorhandene Ziel. Wenn du jedoch eine Vision hast, bestimmt sie, welchen Weg du einschlagen wirst. Sie gibt die Richtung vor, in die du gehst. Wenn du keine Vision für dein Leben hast, lässt du dich einfach treiben und hast keine Richtung für dein Leben. Das ist gefährlich, und genau da kommt Satan ins Spiel und zerstört Menschen.

Wenn du eine Vision davon hast, wie Gott sich deine Familie vorstellt, wird das bestimmen, wen du heiratest und welche Entscheidungen du triffst. Wenn du jedoch hinsichtlich dieser Dinge keine Vision hast, kannst du jede x-beliebige Person heiraten. Nach der Heirat wirst du dann vielleicht aber feststellen, dass diese Entscheidung nicht richtig war und du die falsche Wahl getroffen hast.

Ich danke Gott, dass Jamie und ich unser Leben bereits dem Herrn anvertraut hatten, bevor wir ein Paar wurden. Ich wusste, dass die Wahl meiner Partnerin die wichtigste Entscheidung war, die ich im Natürlichen jemals treffen würde. Deshalb betete ich lange und intensiv darüber, und Gott brachte Jamie und mich schließlich auf übernatürliche Weise zusammen. Wir waren verlobt und wollten heiraten, noch bevor wir überhaupt Händchen gehalten hatten. Es war ein Segen von Gott.

In 2. Korinther 6,14 (ELB) heißt es: »Seid nicht verschiedenartig zusammengejocht.« Wir sollten Beziehungen zu Menschen vermeiden, in denen wir mehr von deren schlechten Eigenschaften beeinflusst werden als sie von unseren guten. Die Ehe ist ein Bereich, in dem dieser Grundsatz ganz besonders gilt. Es gibt keine engere Verbindung im Leben als die eheliche Beziehung, dennoch sollte der Herr immer die wichtigste Person im Leben eines Gläubigen sein.

Bedenke auch, dass eine Ehe auf viel mehr gründen sollte als nur auf dem Äußeren einer Person. Und doch gibt es eine Menge Menschen, die eine solche Sicht nicht haben. Sie laufen einfach jemandem hinterher, der ihnen für den Moment ein gutes Gefühl gibt.

Genauso ist für viele Menschen bei der Berufswahl nur wichtig, ob sich damit viel Geld verdienen lässt. Oder sie entscheiden sich für einen Job, weil er eine gute Betriebsrente verspricht. Doch es gehört mehr zum Leben, als einen Job zu haben, ein Haus zu kaufen, finanziell abgesichert zu sein und dergleichen. Das ist zwar Teil davon, doch es gibt Menschen, die sich ausschließlich von materiellen Aspekten leiten lassen.

Du brauchst eine Vision. Du musst einen Lebenszweck haben, der wichtiger ist als Dinge wie Job, Geld und Partnersuche. Du musst wissen, wofür Gott dich geschaffen hat. Es ist sonst, als wärst du ein runder Pflock, der in ein eckiges Loch passen soll. Das wird nicht funktionieren! Du musst den Platz finden, den Gott für dich vorgesehen hat.

Gottes Absicht offenbart

Ich glaube, ein wichtiger Teil von Josephs Geschichte besteht darin, dass Gott ihm durch diese beiden Träume den Zweck seines Lebens offenbarte. Was Joseph auf dem rechten Weg hielt, war sein Wissen, dass er ein Ziel hatte. Er wusste, dass er einen Weg vor sich hatte, der ihn an einen konkreten Platz führen würde, und die von Gott in sein Herz gelegte Vision trieb ihn an, dorthin zu gelangen. In Psalm 105,19 heißt es über Joseph: »… bis zu der Zeit, da sein Wort eintraf und der Ausspruch des HERRN ihn geläutert hatte.« Die *Amplified Bible* übersetzt diese Stelle so: »Bis sich sein Wort [der Prophezeiung über seine Brüder] erfüllte, prüfte und läuterte ihn das Wort des Herrn.«

Ich kann dies aus eigener Erfahrung bezeugen. Als der Herr mein Leben berührte, legte er eine Vision in mein Inneres. Ich konnte die Einzelheiten zwar nicht mit Klarheit sehen, aber ich hatte eine Richtung, die ich einschlagen konnte. Und auf dieser Basis begann ich, Entscheidungen zu treffen.

Tatsächlich traf ich einige Entscheidungen, die dazu führten, dass ich meinen Wehrdienstaufschub für Studenten verlor. Ich wurde eingezogen und in den Vietnamkrieg geschickt. Manch einer mag das für eine schreckliche Wendung halten, doch es stellte sich als eines der besten Dinge heraus, die mir aufgrund der Richtung, die Gott mir vorgegeben hatte, je passiert sind.

Ich wusste, dass ich nicht dazu bestimmt war, am College Mathematik zu studieren. Ich wusste einfach, dass Gott etwas anderes für mich im Sinn hatte. Ich kannte nicht alle Details, aber ich begann, mich in diese Richtung zu orientieren. Und das brachte mich buchstäblich so in Bewegung, dass ich mich von Gott schon hätte abwenden müssen, um nicht dorthin zu gelangen, wo ich heute bin.

In Sprüche 29,18 (KJV) heißt es: »Wo es keine Vision gibt, geht das Volk zugrunde.« Einige Übersetzungen formulieren es so: »Wo keine Offenbarung ist, wird das Volk zügellos.« Das heißt, wenn man eine Offenbarung bzw. Vision hat, wird man sich zügeln. Man diszipliniert sich selbst, weil man ein Ziel vor Augen hat, auf das man zusteuert.

Athleten, die eine Goldmedaille gewinnen wollen, machen nicht die ganze Nacht hindurch Party. Sie trainieren und sie ernähren sich gesund. Das Ziel, ein Champion zu werden, schränkt sie in ihrem Tun ein. Ein Mensch ohne Vision hingegen gibt jede Selbstkontrolle auf. Er lässt sich einfach im Strom treiben. Wie das Wasser wählt er das niedrigste Level oder den Weg des geringsten Widerstands. So jemand tut einfach das, was ihm am leichtesten erscheint.

KAPITEL 3

Der Herr wird dich beschützen

Als aber seine Brüder nach Sichem gegangen waren, um die Schafe ihres Vaters zu weiden, da sprach Israel zu Joseph: Weiden nicht deine Brüder [die Herde] in Sichem? Komm, ich will dich zu ihnen senden! Er aber sprach: Hier bin ich! Da sprach er zu ihm: Geh doch und sieh, ob es gut steht um deine Brüder und ob es gut steht um die Herde, und bring mir Bescheid! So sandte er ihn aus dem Tal Hebron, und er wanderte nach Sichem. — 1. Mose 37,12–14

Sichem ist der Ort, in den Simeon und Levi – die zwei älteren Brüder von Joseph – eingefallen waren und jeden Mann in der Stadt – Hunderte von Männern – umgebracht hatten (1Mo 34,25–27), nachdem ihre Schwester Dina von einem der dort lebenden Männer vergewaltigt worden war. Sie töteten jeden einzelnen Mann und nahmen alle Frauen und Kinder als Sklaven mit (1Mo 34,29).

Simeon und Levi, der zweit- und der drittgeborene Sohn Jakobs, waren niederträchtige und bösartige Männer. Ruben, der Erstgeborene, schlief mit seiner Stiefmutter (1Mo 35,22) und brachte dadurch einen Fluch über sich (1Mo 49,3–4; 3Mo 18,8.29). Der viertgeborene Sohn, Juda, vergriff sich an der eigenen Schwiegertochter, die daraufhin von ihm schwanger wurde (1Mo 38,18–26). Dies verdeutlicht, welche Art von Menschen Josephs Brüder waren, und gibt dir vielleicht einen besseren Einblick, warum sie ihn derart herzlos behandelten.

Da traf ihn ein Mann, als er umherirrte auf dem Feld; der fragte ihn und sprach: Was suchst du? Er antwortete: Ich suche meine Brüder; sage mir doch, wo sie weiden! Der Mann antwortete: Sie sind von hier fortgezogen; denn ich hörte sie sagen: Lasst uns nach Dotan ziehen! Da ging Joseph seinen Brüdern nach und fand sie in Dotan. Als sie ihn nun von ferne sahen, ehe er in ihre Nähe kam, beschlossen sie, ihn heimlich umzubringen. — 1. Mose 37,15–18

Joseph konnte seine Brüder in Sichem nicht finden, also zog er weiter und fand sie in Dotan: »Und sie sprachen zueinander: Seht, da kommt der Träumer daher!« (1Mo 37,19). Dies bezieht sich auf Josephs Träume, in denen sich seine Brüder, sein Vater und seine Mutter vor ihm verbeugten.

Dieser Junge war diesen Männern ein Dorn im Auge. Es waren gottlose Männer, und hier war ihr kleiner Bruder, der vom Vater ohnehin schon bevorzugt wurde und der nun sagte, dass er über sie erhaben sein werde. Ihre Reaktion war pure Eifersucht und Stolz. Sie hassten ihn. Dann sagten Josephs Brüder:

Und nun kommt und lasst uns ihn töten und in eine Zisterne werfen und sagen, ein böses Tier habe ihn gefressen; dann wollen wir sehen, was aus seinen Träumen wird! — 1. Mose 37,20

Diese Träume hatten also nicht nur einen Einfluss auf Joseph, sondern auch starke Auswirkungen auf seine Brüder. Sie hassten ihn wegen dieser Träume, und das führte zu einer ständigen Kontroverse zwischen ihnen (1Mo 37,5.8).

Als Ruben dies hörte, rettete er ihn aus ihren Händen, indem er sprach: Wir wollen ihn nicht ums Leben bringen! Und weiter sprach Ruben zu ihnen: Vergießt kein Blut! Werft ihn in die Zisterne dort in der Wüste, aber legt nicht Hand an ihn! Er wollte ihn aber aus ihrer Hand erretten und ihn wieder zu seinem Vater bringen. — 1. Mose 37,21–22

Ruben hatte bereits bewiesen, dass er kein gottesfürchtiger Mann war, doch als er hörte, wie seine Brüder davon sprachen, Joseph zu töten, hatte er zumindest Mitleid mit seinem kleinen Bruder und dem gemeinsamen Vater. Er hatte vor, Joseph aus ihren Händen zu befreien und sein Leben zu retten. Aber selbst wenn Ruben Joseph zu jenem Zeitpunkt gerettet hätte, wären seine Brüder dennoch darauf aus gewesen, ihn zu töten. Es wäre nur eine Frage der Zeit gewesen, bis etwas Schlimmes passiert wäre.

Und es geschah, als Joseph zu seinen Brüdern kam, da zogen sie ihm das Gewand aus, den bunten Leibrock, den er trug; und sie ergriffen ihn und warfen ihn in die Zisterne; die Zisterne aber war leer, und es war kein Wasser darin. Darauf setzten sie sich nieder, um zu essen. Als sie aber ihre Augen hoben und sich umsahen, siehe, da kam eine Karawane von Ismaelitern von Gilead daher, deren Kamele trugen Tragakanth, Balsam und Ladanum, und sie zogen hinab, um es nach Ägypten zu bringen. — 1. Mose 37,23–25

Die Brüder schnappten sich also Joseph und warfen ihn in eine Grube. Sie wollten ihn töten, aber Ruben ging dazwischen. Möglicherweise wollten sie ihn auch nicht direkt ermorden, sondern ihn einfach von allein in dieser Grube sterben lassen. Dann, nach allem, was sie Joseph angetan hatten, setzten sie sich hin und ließen sich eine Mahlzeit schmecken. Das Ganze schien ihnen völlig egal zu sein. Das zeigt, dass Josephs Brüder hartherzige Menschen waren. Ich glaube, solche Dinge werden beim Bibellesen oft übersehen.

Gott wirkt durch Menschen

Für Josephs Verkauf in die Sklaverei gab es mehrere Gründe; einer davon war meiner Meinung nach, Joseph von seinen Brüdern wegzubekommen, die darauf aus waren, ihn zu töten. Sie hätten ihn auf der Stelle umgebracht, wenn Ruben sie nicht aufgehalten hätte. Manchmal, wenn etwas passiert, sehen wir nur die negative Seite der Dinge. Aber diese dunkle Wolke könnte auch einen Silberstreifen haben.

Die Menschen denken, Gott handle einfach souverän und was auch immer geschieht, sei Gottes Wille. Gott handelt nicht, indem er uns kontrolliert und wie Schachfiguren über das Brett schiebt. Er lässt Dinge nicht einfach so zustande kommen. Er muss durch Menschen wirken.

Dem aber, der weit über die Maßen mehr zu tun vermag als wir bitten oder verstehen, gemäß der Kraft, die in uns wirkt ... — Epheser 3,20

Gott kontrolliert nicht alles. Er ist nicht der Grund für Tragödien und Kriege. Es ist die Bosheit in den Menschen, die diese Dinge verursacht.

Woher kommen Kriege bei euch, woher Streitigkeiten? Etwa nicht von den Leidenschaften, die in euren Gliedern streiten?

Ihr begehrt und erhaltet doch nichts. Ihr mordet und seid eifersüchtig und könnt dennoch nichts erreichen. Ihr streitet und führt Krieg. Ihr erhaltet nichts, weil ihr nicht bittet. Ihr bittet und empfangt doch nichts, weil ihr in böser Absicht bittet, um es in euren Leidenschaften zu verschwenden.
— Jakobus 4,1–3 EÜ

Gott hatte Josephs Brüder nicht dazu gebracht, diesen zu hassen und seine Tötung zu erwägen. Doch selbst wenn es wie hier zu allen möglichen negativen Geschehnissen kommt, kann Gott Menschen immer noch gebrauchen und seinen Willen zur Ausführung bringen. Es ist nicht so, dass Gott Menschen gegen ihren Willen kontrolliert, aber er kann Menschen trotz ihrer eigenen Agenda für seine Zwecke nutzen.

Da sprach Juda zu seinen Brüdern: Was gewinnen wir damit, dass wir unseren Bruder töten und sein Blut verbergen? Kommt, wir wollen ihn den Ismaelitern verkaufen und nicht selbst Hand an ihn legen; denn er ist unser Bruder, unser Fleisch! Und seine Brüder stimmten zu. — 1. Mose 37,26–27

Josephs Brüder weideten ihre Herden nicht an dem Ort, den sie ihrem Vater genannt hatten. Joseph hatte ihrem Vater schon einmal von ihren Schandtaten berichtet (1Mo 37,2) und sie wollten ihm dazu nicht nochmals Gelegenheit geben. Als sie ihn kommen sahen, schmiedeten sie daher den Plan, ihn zu töten. Immerhin griff Ruben ein und rettete ihm so unmittelbar das Leben, aber dann warfen sie ihn dennoch in eine Grube ohne Nahrung und Wasser.

Juda wusste, dass man seinen Bruder so nicht behandeln durfte. Diese Verse zeigen, dass er es in seinem Herzen besser wusste.

Jeder Mensch weiß im Herzen – unabhängig davon, wie er lebt –, was richtig und was falsch ist (Röm 1,18–20). Man kann sich dem gegenüber allerdings verschließen und abstumpfen. Man kann sein Gewissen abtöten (1Tim 4,2), aber anfangs ist man nicht so. Jeder weiß, was richtig und was falsch ist.

> *Midianitische Kaufleute kamen vorbei. Da zogen sie Joseph aus der Zisterne herauf und verkauften ihn für zwanzig Silberstücke an die Ismaeliter. Sie brachten Joseph nach Ägypten. — 1. Mose 37,28* EÜ

Diese Ismaeliter und Midianiter waren auf dem Weg nach Ägypten, und Gott legte es den Brüdern aufs Herz, Joseph an sie zu verkaufen. Juda wusste, dass es falsch war, seinen jüngeren Bruder zu töten, und so überlegte er, dass es vielleicht besser wäre, Joseph zu verkaufen und dabei sogar noch etwas Geld zu verdienen. Auf diese Weise hätten er und seine Brüder nicht Josephs Blut an ihren Händen.

In 1. Timotheus 6,10 steht: »Denn die Geldgier ist eine Wurzel alles Bösen.« Gott hat diese Gier nach Geld nicht in die Menschen hineingelegt, dennoch kann er sie benutzen. Weißt du, die Menschen lieben nicht das Geld an sich – sie gieren nicht nach buntem Papier oder geprägten Münzen. Sie lieben das, was Geld für sie tun kann. Sie gieren entweder nach den Dingen, die man mit Geld kaufen kann, oder sie gieren nach der Macht, dem Einfluss und der Sicherheit, die Geld bietet.

Anstatt Joseph einfach zu töten, um ihre eigene Eifersucht zu befriedigen, sahen die Brüder in diesem Fall eine Gelegenheit, aus seinem Elend noch Profit zu schlagen. Um die Brüder daran zu hindern, Joseph zu töten, machte sich Gott ihre eigene fleischliche Natur zunutze – ihre Liebe zum Geld – und brachte sie dazu,

Joseph aus der Grube zu holen und ihn in die Sklaverei zu verkaufen. Das rettete ihm schließlich das Leben.

Wie schon gesagt, glaube ich, dass einer der Gründe, warum Gott Josephs Brüder dazu bewegte, ihn in die Sklaverei zu verkaufen, in der Absicht lag, Joseph von ihnen wegzubringen. Es waren ausgesprochen gottlose Männer und ich bin davon überzeugt, dass Gott genauso sehr Josephs Leben retten wollte, wie er auch seine anderen Zwecke damit verfolgte. Das Ganze war also tatsächlich zu Josephs Vorteil. Gott ließ es aber nicht einfach souverän geschehen. Er nutzte die Geldgier der Brüder, um Josephs Leben zu retten, indem er sie dazu brachte, Joseph in die Sklaverei zu verkaufen.

Schuldig durch Mitwisserschaft

Ruben kam zur Zisterne zurück und siehe, Joseph war nicht mehr dort. Er zerriss seine Kleider, kehrte zu seinen Brüdern zurück und sagte: Der Kleine ist ja nicht mehr da. Und ich, wohin soll ich nun gehen? Da nahmen sie Josephs Gewand, schlachteten einen Ziegenbock und tauchten das Gewand in das Blut. Dann schickten sie den bunten Rock zu ihrem Vater und ließen ihm sagen: Das haben wir gefunden. Sieh doch genau nach, ob das der Rock deines Sohnes ist oder nicht!
— 1. Mose 37,29–32 EÜ

Das war die totale Irreführung. Obwohl die Brüder Joseph nicht getötet hatten, logen sie bezüglich dessen, was sie ihm angetan hatten, und stellten es ihrem Vater gegenüber falsch dar. Sie schmierten Blut auf Josephs Mantel und deuteten damit an, dass er von einem wilden Tier getötet worden war. Natürlich wussten sie, dass das nicht stimmte. Und obwohl Ruben Joseph an Jakob hatte zurückgeben wollen, ließ er sich auf dieses Täuschungsmanöver ein. Ruben wusste, dass Joseph in die Sklaverei verkauft worden war, und dennoch schwieg er.

Die meisten Menschen wissen, dass man sich durch Mittäterschaft schuldig machen kann. Wenn zum Beispiel jemand eine Bank ausraubt und du lediglich den Fluchtwagen fährst, trägst du dennoch eine gewisse Mitschuld. Du warst vielleicht nicht derjenige, der in die Bank gestürmt ist und das Geld geraubt hat, trotzdem wirst auch du ins Gefängnis wandern. Wenn bei dem Raubüberfall jemand getötet wurde, wirst du obendrein noch wegen Beihilfe zum Totschlag oder Mord angeklagt werden. Obwohl Ruben Joseph nicht an die Ismaeliten und Midianiter verkauft hatte, machte er sich dennoch als Mitwisser schuldig, weil er sich an der Verschwörung seiner Brüder beteiligte und ihre Lüge mittrug.

Schauen wir uns an, wie Jakob auf diese Lügengeschichte reagierte.

> *Und er erkannte ihn und sprach: Es ist der Leibrock meines Sohnes! Ein wildes Tier hat ihn gefressen! Joseph ist gewiss zerrissen worden! Und Jakob zerriss seine Kleider und legte Sacktuch um seine Lenden und trug lange Zeit Leid um seinen Sohn. Da machten sich alle seine Söhne und Töchter auf, um ihn zu trösten; er aber wollte sich nicht trösten lassen, sondern sprach: Ich höre nicht auf zu trauern, bis ich zu meinem Sohn hinabfahre ins Totenreich! So beweinte ihn sein Vater. — 1. Mose 37,33–35*

Jakob beging hier einen großen Fehler, indem er allein aufgrund des äußeren Anscheins eine bestimmte Schlussfolgerung zog. Hier war ein Mantel mit Blut, und er nahm sofort an, dass es Josephs Blut war. Er fiel auf die Lügen seiner Söhne herein und akzeptierte sie blind als Tatsachen. Du darfst dein Leben nicht von den Umständen und dem Anschein von Dingen bestimmen lassen. Du brauchst eine Vision und ein Ziel von Gott.

Hätte Jakob sich einfach an den Traum erinnert, von dem Joseph erzählt hatte, wäre ihm klar geworden, dass dieser Traum noch nicht zur Erfüllung gekommen war. Er hätte zumindest noch einmal nachgedacht über das, was ihm seine Söhne weiszumachen versuchten.

Halte an Träumen fest

Ich kann mich noch genau an den 4. März 2001 erinnern, als Jamie und ich erfuhren, dass unser Sohn Jonathan Peter gestorben war. Ich hätte in Trauer verfallen und mich von den Umständen leiten lassen können, aber ich erinnerte mich an Prophezeiungen über unseren Sohn, die sich in seinem Leben noch nicht erfüllt hatten. Damit diese Prophezeiungen in Erfüllung gehen konnten, musste Peter also leben. Wir fingen einfach an, den Herrn zu loben und ihm für all das Gute zu danken, das er bereits getan hatte und auch jetzt gerade tat. Als wir im Krankenhaus ankamen, empfing uns unser ältester Sohn Joshua an der Tür und sagte: »Ich weiß nicht, was passiert ist, aber gleich nachdem ich mit euch telefoniert hatte, sagten sie, Peter habe sich aufgesetzt und zu reden begonnen.« Preis dem Herrn!

Ich weiß, dass dies nicht exakt die gleiche Situation war, aber Jakob hätte an Josephs Träumen festhalten sollen. Er hätte sagen können: »Nun, Gott hat Joseph einen Traum gegeben und der hat sich noch nicht bewahrheitet. Ich weiß, es scheint so, als wäre er von einem wilden Tier gefressen worden, aber ich werde Gott vertrauen.« Stattdessen ließ er Gottes Vision für das Leben seines Sohnes völlig außer Acht und sagte: »Joseph ist gewiss zerrissen worden!« (1Mo 37,33), dann trauerte er um ihn.

Jederzeit hätte einer der Brüder, die ihren Vater leiden sahen, sich einschalten und sagen können: »Joseph ist nicht wirklich tot; er lebt.« Doch das taten sie nicht. Und wie wir später sehen werden, hielten sie diese Lüge zweiundzwanzig Jahre lang aufrecht und ließen ihren Vater die ganze Zeit über trauern. Das zeigt erneut, wie hartherzig Josephs Brüder wirklich waren.

Ich kann auf mein Leben zurückblicken und sagen, dass es viele Male so wirkte, als hätte ich mit meiner Entscheidung, in den Dienst zu gehen, einen Fehler gemacht. Lange Zeit hat es einfach nicht geklappt. Es sah so aus, als hätten Jamie und ich es einfach vermasselt. Wir lebten in Armut. Wir hatten zu kämpfen, und es passierten schlimme Dinge.

Jamies Vater kam sogar einmal zu mir und sagte: »Hör mal, du bist ein netter Kerl, aber du hast einfach nicht das Zeug zum Prediger. Du musst etwas anderes machen.« Und ich garantiere dir, hätte ich die Dinge nur nach den Umständen gedeutet, wäre ich nie im Dienst geblieben. Doch heute, Gott sei Dank, haben wir überall auf der Welt einen positiven Einfluss! Wir berühren die Menschen und bringen das Evangelium weiter und tiefer in die Welt hinein als je zuvor. Und das alles nur, weil ich ein Wort vom Herrn hatte und diesem gefolgt bin, anstatt Entscheidungen auf der Grundlage unserer Umstände zu treffen.

Du musst ein Wort von Gott empfangen. Jakob hätte zumindest darüber beten und Gott fragen müssen. Aber nein, er zog einfach voreilige Schlüsse. Und deshalb trauerte er und weigerte sich, getröstet zu werden.

Jakob trauerte zweiundzwanzig Jahre lang und dachte, sein Sohn sei tot. Er hätte noch länger getrauert, wenn Joseph sich seinen Brüdern nicht offenbart hätte. Jakob sagte: »Ich werde trauernd zu meinem Sohn ins Totenreich hinabfahren« (1Mo 37,35). Allerdings trauerte er über etwas, das nicht der Wahrheit entsprach. Joseph war nicht tot. Jakobs Sohn war in Ägypten zu Wohlstand gelangt, an dem auch er, Jakob, letztendlich teilhaben durfte; doch davor machte er eine Menge Kummer durch, den er nicht hätte erleiden müssen.

Widrige Umstände überwinden

Es gibt viele Menschen, die nach einem schlimmen Ereignis leiden und sich nicht trösten lassen wollen. Ich sage nicht, dass das, was passiert ist, nicht tragisch war – vielleicht haben sie einen geliebten Menschen, ihre Ehe, ihre berufliche Existenz oder etwas anderes Essenzielles verloren –, aber eine Person, der so etwas widerfährt, muss nicht zwangsläufig so eingestellt sein, dass sie sich nicht trösten lassen will. Das ist einfach nicht richtig.

Mein Bruder war etwa dreißig Jahre lang verheiratet, dann kam seine Frau bei einem Autounfall ums Leben. Danach geriet er einfach ins Trudeln. Ich rief ihn an und redete mit ihm, und er litt einfach – kämpfte ums Überleben. Doch eines Tages rief ich ihn an und er war ganz anders. Er war wieder ganz der Alte. Er war normal.

Ich weiß noch, dass ich ihn fragte: »Was ist passiert? Es ist, als hätte jemand einen Schalter in dir umgelegt.« Und er sagte, der Herr habe zu ihm gesprochen und ihm gesagt: »Entweder du gräbst ein Loch neben deiner toten Frau, kriechst hinein und stirbst, oder du machst mit deinem Leben weiter.« Das hat mich wirklich gesegnet, und ich habe diese Geschichte schon oft erzählt.

Im Leben passieren schreckliche Dinge. Mir ist klar, dass wir in einer gefallenen Welt leben, aber was wirst du tun? Willst du über Dinge trauern, die nicht mehr rückgängig zu machen sind, bis du dich ins Grab legst? Ich glaube nicht, dass das der richtige Ansatz ist. Man muss einfach darüber hinwegkommen, Gott vertrauen, sich an ihm erfreuen und weiterleben.

Ich habe mich mit der Vergangenheit beschäftigt und viele historische Fakten recherchiert. Ein wesentlicher Unterschied zwischen der Coronavirus-Pandemie von 2020 und der Spanischen Grippe von 1918 zeigt sich in der Reaktion der Menschen auf die jeweilige Situation. Wenn man sich die Einstellung der Menschen während beider Ereignisse anschaut, waren die Leute damals emotional gefestigter. Bei der Pandemie im Jahr 2020 gerieten die Menschen in Panik und agierten vollkommen angstgesteuert.

Mehr als drei Jahre nach dem ersten diagnostizierten COVID-19-Fall, als der öffentliche Gesundheitsnotstand in den Vereinigten Staaten endete, waren weltweit 765 Millionen Fälle gemeldet worden, die zu etwa 7 Millionen Todesfällen geführt hatten (was einer Sterblichkeitsrate von weniger als einem Prozent entsprach).[2] Die Weltbevölkerung belief sich zu diesem Zeitpunkt auf etwa 8 Milliarden Menschen,[3] sodass weniger als 10 Prozent der Bevölkerung mit COVID infiziert wurden.

Im Gegensatz dazu war die Spanische Grippe sehr viel tödlicher. Historiker gehen davon aus, dass von den 500 Millionen Menschen, die sich mit der Spanischen Grippe infizierten, mindestens 50 Millionen starben (das entspricht einer Sterblichkeitsrate von mindestens 10 Prozent).[4] Die geschätzte Weltbevölkerung lag 1920, drei Jahre nach dem Seuchenausbruch, bei knapp 2 Milliarden Menschen,[5] was bedeutet, dass etwa ein Viertel der Weltbevölkerung infiziert war. Und doch hat man damals nicht alles dichtgemacht. Man reagierte nicht mit panischer Angst, sondern machte einfach weiter mit dem Leben. Die Menschen hatten eine andere Einstellung.

In Offenbarung 12,11 (LUT) steht: »Und sie haben ihn überwunden durch des Lammes Blut und durch das Wort ihres Zeugnisses«, und die meisten Leute hören genau hier auf und setzen einen Punkt. Sie sagen einfach: »Ich werde den Teufel überwinden durch das Blut des Lammes und durch das Wort meines Zeugnisses«, und das ist gut; aber der Vers geht weiter und sagt: »... und haben ihr Leben nicht geliebt bis hin zum Tod.«

Ich garantiere dir, wenn du jemals den Teufel durch das Blut des Lammes und das Wort deines Zeugnisses überwinden willst, musst du an einen Punkt gelangen, an dem du dein Leben nicht bis hin zum Tod liebst. Du musst Gott lieben und dich dem, wozu er dich berufen hat, mehr hingeben als deiner Liebe zu dir selbst.

Heutzutage sind die Menschen jedoch, wie es in 2. Timotheus 3,2–4 beschrieben steht: selbstverliebt und das Vergnügen mehr liebend, als sie Gott lieben. Aus diesem Grund gibt es viele schwache Menschen, deren Leben sich nur um sie selbst dreht. Und wenn das, wozu Gott sie berufen hat, sie etwas kostet, fallen sie auseinander wie ein Billigkoffer, sobald Verfolgung und Bedrängnis kommen.

Jakob weigerte sich also, sich trösten zu lassen und pflegte lieber seinen Schmerz. Er wollte für den Rest seines Lebens trauern, weil er dachte, dass er Joseph damit ehren würde. Doch Joseph war damit kein bisschen geholfen. Stattdessen schadete es Jakob. Er verlor zweiundzwanzig Jahre seines Lebens, weil er in seinem Kummer versunken war. In der Bibel steht, dass Josephs Brüder versuchten, ihn zu trösten, aber Jakob ließ sich nicht trösten.

Sieh dir andererseits Josephs Brüder an. Ruben wollte Joseph aus der Grube befreien und ihn zu seinem Vater zurückbringen. Anders als seine Brüder wollte er Joseph nicht in die Sklaverei verkaufen. Dennoch sah er zu, wie sein Vater trauerte, ohne dem ein Ende zu machen, indem er einfach die Wahrheit sagte. Hinzu kommt, dass Ruben und seine Brüder immer noch bei ihrem Vater lebten. Es ist ja nicht so, als wären sie weggezogen und hätten sich nicht mehr gesehen. Sie lebten alle zusammen. Zweiundzwanzig Jahre lang sahen sie jeden Tag, wie ihr Vater trauerte, und doch verschwiegen sie ihm die Wahrheit, dass Joseph noch am Leben war. Das ist einfach grausam!

KAPITEL 4

Gott bestimmt deinen Wert

Aber die Midianiter verkauften ihn [Joseph] nach Ägypten, an Potiphar, einen Kämmerer des Pharao, den Obersten der Leibwache. — 1. Mose 37,36

Denken wir einen Moment über diese Ismaeliter und Midianiter nach. Sie kauften Joseph für zwanzig Silberstücke und verkauften ihn anschließend wieder. Wir wissen nicht, zu welchem Preis sie ihn verkauften, aber es war auf jeden Fall ein schlechtes Geschäft für sie. Sie erkannten nicht, wer Joseph wirklich war. Dieser Mann sollte eines Tages an der Spitze von Ägyptens Regierung stehen.

Manchmal unterschätzen wir Menschen, wenn wir sie nur als das betrachten, was sie im Moment sind. Wir sehen sie nicht entsprechend ihrem wahren Potential. In 2. Korinther 5,16 schreibt Apostel Paulus: »So kennen wir denn von nun an niemand mehr nach dem Fleisch.« Wir müssen die Menschen durch den Geist erfassen. Wir müssen uns vom Herrn helfen lassen, über das Erscheinungsbild einer Person, ihre Kleidung oder ihre momentanen Lebensumstände hinauszublicken. Wir müssen die Menschen so sehen, wie Gott sie sieht.

Joseph aber war nach Ägypten hinabgeführt worden, und Potiphar, ein Kämmerer des Pharao, der Oberste der Leibwache, ein Ägypter, hatte ihn aus der Hand der Ismaeliter erworben, die ihn dorthin gebracht hatten.

Und der HERR war mit Joseph, und er war ein Mann, dem alles gelang; und so durfte er im Haus seines ägyptischen Herrn bleiben. — 1. Mose 39,1–2

Der Bibel zufolge war Joseph ein erfolgreicher Mensch, und das, obwohl er gerade in die Sklaverei verkauft worden war. Auch hier zeigt sich wieder, dass Menschen die Dinge völlig anders sehen, als Gott es tut. Diese Ismaeliter und Midianiter dachten, sie hätten mit Joseph Geld verdient, doch in Wahrheit ließen sie sich eine der besten Gelegenheiten entgehen, die sie je hätten haben können. Hätten sie gewusst, wer Joseph wirklich war, hätten sie erheblich mehr aus diesem Geschäft herausschlagen können.

Beim Verkauf von Sklaven war es üblich, diese völlig nackt auszuziehen. Sie standen dann in der Reihe, ohne den kleinsten Fetzen Stoff am Leib, damit die Person, die sie kaufte, auch wirklich sehen konnte, was sie für ihr Geld bekam. Hier ist also Joseph, der splitterfasernackt dasteht, seine Kleidung in einem Häufchen neben ihm am Boden, und vor ihm steht Potiphar, der wahrscheinlich herausgeputzt war wie ein Pfau; vermutlich trug er feinsten Zwirn und war mit Juwelen und Gold behängt. Dennoch nennt die Bibel Potiphar nicht einen erfolgreichen Mann. Joseph war derjenige, der erfolgreich war, obwohl er völlig nackt dastand, denn Gott sieht die Dinge anders als wir.

Du siehst dich vielleicht in einer Lage, die finanziell angespannt ist. Möglicherweise bist du in der Situation, dass dein Körper krank ist. Andere Menschen mögen dich ansehen, dich bemitleiden und insgeheim eine abschätzige Meinung über dich haben. Doch in Wirklichkeit ist das alles nicht wichtig. Entscheidend ist, wie Gott dich sieht und welche Absicht er mit deinem Leben verfolgt.

Wie du dich selbst siehst

Als die Israeliten in das verheißene Land einziehen sollten, sandten sie Kundschafter aus (4Mo 13,17–20). Nachdem diese zurückgekehrt waren, berichteten sie zunächst Gutes.

> *Und sie gingen und kamen zu Mose und Aaron und zu der ganzen Gemeinde der Kinder Israels, in die Wüste Paran, nach Kadesch; und sie brachten ihnen und der ganzen Gemeinde Bericht und ließen sie die Früchte des Landes sehen. Und sie erzählten ihm und sprachen: Wir sind in das Land gekommen, in das du uns sandtest, und es fließt wirklich Milch und Honig darin, und dies ist seine Frucht.*
> *— 4. Mose 13,26–27*

Sie hatten eine Weinrebe mit einer Traube daran, die so groß war, dass sie von zwei Männern an einer Stange getragen werden musste (4Mo 13,23). So etwas können wir uns heute gar nicht mehr vorstellen. Doch dann sagten sie:

> *Wir sahen dort auch Riesen, Söhne Enaks aus dem Riesengeschlecht, und wir waren in unseren Augen wie Heuschrecken, und ebenso waren wir auch in ihren Augen!*
> *— 4. Mose 13,33*

Hätten sie es bei der Aussage belassen, dass die Riesen sie wie Heuschrecken sahen, wäre vielleicht noch alles in Ordnung gekommen. Doch sie erweiterten diese Aussage und führten an, dass auch sie sich wie Heuschrecken sahen. Es ist nicht wichtig, wie andere uns sehen. Es kommt darauf an, wie wir uns selbst sehen. In dem Moment, als sie sich dem Bild anschlossen, das die Riesen ihrer Meinung nach von ihnen hatten, waren sie dem Untergang geweiht.

Nachdem die Israeliten dann eine Generation lang in der Wüste gelagert hatten und schließlich in die ummauerte Stadt Jericho einzogen, sagte Rahab ihnen, wie sich die Dinge tatsächlich verhielten:

> *Ich weiß, dass der HERR euch das Land gegeben hat; denn es hat uns Furcht vor euch überfallen, und alle Einwohner des Landes sind vor euch verzagt. Denn wir haben gehört, wie der HERR das Wasser des Schilfmeeres vor euch ausgetrocknet hat, als ihr aus Ägypten gezogen seid, und was ihr den beiden Königen der Amoriter, Sihon und Og, jenseits des Jordan, getan habt, an denen ihr den Bann vollstreckt habt. Und als wir dies hörten, da wurde unser Herz verzagt, und es ist kein rechter Mut mehr in irgendjemand vor euch; denn der HERR, euer Gott, ist Gott oben im Himmel und unten auf Erden! — Josua 2,9–11*

Es sollte wirklich nicht wichtig sein, wie andere Menschen dich vermeintlich sehen. Wichtiger ist, wer dein Gott ist und wie du dich im Lichte dessen siehst, was Jesus bereits vollbracht hat. Tatsächlich wurzelt ein negatives Selbstbild in Stolz und Selbstbezogenheit.

Ich erinnere mich an einen Mann, der vor Jahren nach einem Gottesdienst in Pueblo, Colorado, das Gespräch mit mir suchte. Er sagte: »In mir gibt es keinen Stolz. Genau das Gegenteil ist der Fall – ich habe ein geringes Selbstwertgefühl.« Daraufhin erklärte ich ihm, dass ein geringes Selbstwertgefühl eigentlich nur eine andere Form von Stolz ist. Es entsteht, wenn man sich selbst im Vergleich zu anderen betrachtet und dann zu dem Schluss kommt, dass man einfach nicht mithalten könne. Es geht trotzdem nur um einen selbst. Ich kann dir versichern, dass Menschen, die nur mit sich selbst beschäftigt sind, einen ziemlich kleinen Horizont haben.

Gott ist mit dir

Joseph wurde in die Sklaverei verkauft und die meisten Menschen heute würden angesichts seiner Situation sagen: »Das ist ja furchtbar! Er wurde zu einem Nichts degradiert.« Da stand Joseph, der Lieblingssohn eines sehr wohlhabenden Mannes in seiner Heimat Israel, und war nun ein Sklave. Er war soeben von ganz oben nach ganz unten gelangt. Und doch sagte Gott, er sei ein erfolgreicher Mensch. Meiner Überzeugung nach glaubte auch Joseph, dass er ein erfolgreicher Mensch war, weil er nach wie vor an jenen Träumen festhielt. Er wusste, dass er diese Sache irgendwie überstehen würde, ganz gleich, wie die Situation momentan auch aussehen mochte.

In 1. Mose 39,2 heißt es: »Und der Herr war mit Joseph«, und Joseph wusste das. Wenn der Herr mit dir ist, wer vermag dann gegen dich zu sein (Röm 8,31)? Es spielt keine Rolle, wie deine Umstände sind. Es spielt keine Rolle, was der Arzt oder dein Bankberater sagt. Es spielt keine Rolle, was *irgendjemand* sagt! Wenn du an der Tatsache festhältst, dass Gott mit dir ist – wenn du eine Vision darüber bekommst, was Gott in deinem Leben tun will –, dann ist es nur eine Frage der Zeit, bis du seinen Willen in Erfüllung gehen siehst. Doch genau das ist der Punkt, den du ausfechten musst; du musst diesen Kampf aufnehmen.

Du musst im Glauben bleiben, bevor du das Endresultat zu sehen bekommst. Du musst diesem Glauben entsprechend leben und handeln, auch wenn im Natürlichen nichts erkennbar ist (2Kor 5,7). Du musst in der Lage sein, im Glauben die Dinge zu sehen, die Gott dir gezeigt hat. Weil der Herr mit Joseph war, war dieser ein erfolgreicher Mensch.

> *Sein Herr sah, dass der HERR mit Joseph war und dass der HERR alles, was er unternahm, durch seine Hand gelingen ließ. — 1. Mose 39,3 EÜ*

So wie der Herr mit Joseph war, ist er auch mit dir und mit mir. Die Bibel sagt, dass er uns niemals verlassen wird (Hebr 13,5). Doch nicht immer ist es für die Menschen ersichtlich, dass der Herr mit ihnen ist. Das liegt daran, dass sie nicht immer im Glauben leben. Sie leben in Angst oder Verbitterung.

Joseph hätte verbittert sein können. Er hätte denken können: *Ich bin vom Lieblingssohn zum Hassobjekt meiner Brüder geworden, ich wurde in die Grube geworfen und in die Sklaverei verkauft.* Er hätte missmutig und deprimiert sein können. Ich kann dir versichern, dass die meisten Menschen sich von diesen natürlichen Gefühlen und Gedanken beherrschen lassen. Joseph hingegen glaubte weiterhin, dass Gott mit ihm war. Und deshalb wurde Gottes Gegenwart und Gunst in Josephs Leben auch für dessen Dienstherrn offensichtlich.

Schau nicht auf die Umstände

Du musst im Glauben wandeln und daran festhalten, dass Gott mit dir ist, auch wenn die Umstände den Anschein erwecken, dass dies nicht der Fall ist. Wenn du glaubst und nicht verzagst, wirst du zur rechten Zeit ernten (Gal 6,9). Wenn du jedoch auf dem Weg dorthin schwach wirst – wenn du dich entmutigen lässt, weil die Dinge nicht so laufen, wie du es dir erhofft hast –, dann wirst du nicht erleben, dass Gottes Wille in Erfüllung geht. Das bedeutet nicht, dass Gott keinen Plan für dich hatte, doch du musst deinen Teil dazu beitragen. Du musst im Glauben standhaft bleiben.

Joseph blieb standhaft im Glauben. Und alles, was er tat, ließ Gott in seinen Händen gelingen. Gleicherweise glaube ich, dass alles, was ich tue und woran ich Hand lege, gesegnet und erfolgreich sein wird (5Mo 28,12) – nicht, weil ich so ein großartiger Typ wäre, sondern aufgrund der Gunst Gottes, die auf mir ruht.

Vor vielen Jahren geriet ich in eine Situation, in der ich meinem Vermieter einen bestimmten Betrag schuldete. Ich sagte ihm, dass ich das Geld nicht hätte, und er meinte, ich könne die Schulden bei ihm abarbeiten. Er besaß einen Fotoladen und war kurz davor, sein Geschäft zu verlieren, weil er überschuldet war. Einige seiner Mitarbeiter hatten gekündigt und er konnte die anfallende Arbeit nicht allein bewältigen. Also fing ich bei ihm an. Ich betete und vertraute einfach auf Gott. Aufgrund dessen war es mir möglich, erfolgreich zu sein, und dieser Mann konnte den Segen Gottes auf meinem Leben erkennen. Tatsächlich bot er mir schon nach zwei Monaten die Partnerschaft an und wollte mich mit fünfzig Prozent an seinem Geschäft beteiligen.

Als ich dort aufhörte und mich darauf vorbereitete, nach Pritchett, Colorado, umzuziehen, fragte mich der Besitzer des Fotoladens, ob ich meinen Nachfolger einarbeiten würde. Dieser kam dann also und ich erklärte ihm alles, was ich wusste. Schließlich platzte er heraus: »Wie kriegst du das bloß alles hin?« Er geriet in Panik, weil er nicht so recht wusste, wie ich alles so gut im Griff haben konnte. Schließlich musste ich es ihm einfach sagen.

Ich sagte: »Ich bete in neuen Sprachen, und Gott sagt mir, wie ich alles einstellen muss und was für die Entwicklung der einzelnen

Fotos nötig ist, und so mache ich es dann.« Daraufhin wurde der Mann noch panischer. Er sagte: »Aber ich bete nicht in neuen Sprachen!« Ich erwiderte, dass ich ihm zeigen könne, wie das gehe. »Ich kann mit dir beten, damit du die Taufe des Heiligen Geistes empfangen kannst.« Ich konnte es nicht besser erklären, denn nur durch das Gebet und den Glauben an Gottes Wort gelangen mir diese Dinge. Ich selbst hatte keine Ahnung von der Fotoentwicklung. Gottes Gunst lag auf mir.

Diese Dinge erzähle ich nicht deshalb, weil ich mich für etwas Besonderes halte. Ich will damit einfach nur sagen, dass ich in Situationen war, in denen ich etwas tun musste, wozu ich eigentlich nicht in der Lage war, doch dann darüber gebetet habe. Weil Gott mit mir war, hatte ich Gelingen. Alles, woran ich meine Hand lege, ist gesegnet.

So erging es auch Joseph. Er hatte eine Vision. Er wusste, dass er nicht für immer ein Sklave sein würde. Und deshalb vertraute er trotzdem weiter auf Gott.

Habe einen Geist der Exzellenz

Da fand Joseph Gnade in seinen Augen und durfte ihn bedienen; und er setzte ihn zum Aufseher über sein Haus und gab alles, was er hatte, in seine Hand. Und von der Zeit an, da er ihn über sein Haus und über alle seine Güter gesetzt hatte, segnete der HERR das Haus des Ägypters um Josephs willen, und der Segen des HERRN war auf allem, was er hatte, im Haus und auf dem Feld. Da überließ er alles, was er hatte, der Hand Josephs und kümmerte sich um gar nichts mehr als um das Brot, das er aß. Joseph aber war von schöner Gestalt und gutem Aussehen. — 1. Mose 39,4–6

Beachte, dass Joseph dem Mann diente, der ihn gekauft hatte. Es gibt viele Menschen, die, wenn sie entführt und zu Sklaven gemacht würden, sich einfach hinsetzen, den Daumen in den Mund stecken und darüber jammern würden, wie schlimm ihre Situation sei. Sie wären deprimiert und entmutigt, sie würden einfach aufgeben und sagen: »Was soll es bringen?«

Auch Joseph hätte sich beklagen können. Er hätte entmutigt sein können. Er hätte aufgeben können, und keiner seiner Träume wäre in Erfüllung gegangen. Wenngleich Joseph nur ein Sklave war, so würde er doch der beste Sklave sein, den Potiphar je hatte. Joseph diente seinem Herrn so vortrefflich, dass Potiphar »ihn zum Aufseher über sein Haus [machte] und alles, was er hatte, in seine Hand [gab]« (1Mo 37,4).

Auch dies geschah nicht einfach automatisch. Gott hat Joseph in Potiphars Haus nicht auf souveräne Weise befördert. Es geschah, weil Joseph immer noch an Gottes Vision für sein Leben festhielt und diesem Mann in exzellenter Weise diente. Er hat sich nicht hingesetzt, gemeckert und sich beschwert. Joseph gab sein Bestes – als Sklave! Und deshalb segnete Gott nicht nur Joseph, sondern er segnete auch das Haus von dessen Herrn.

Potiphar kümmerte sich nicht einmal mehr um seine finanziellen oder geschäftlichen Angelegenheiten, weil er Joseph so sehr vertraute. Ich garantiere dir, dass jemand in einer Führungsposition, wie Potiphar sie innehatte, einer Person, die verbittert ist, nicht vertrauen würde. Man wird einer Person, die sich und alles andere aufgegeben hat, keine Verantwortung übertragen – jemandem, der sich bloß noch durchschleppt, um irgendwie am Leben zu bleiben. Joseph war ein Mensch, der Exzellenz besaß, und selbst als Sklave diente er immer noch Gott. Er glaubte nach wie vor, dass seine derzeitige Situation nicht das Ende seiner Tage bedeutete. Er hielt an den Visionen fest, die Gott ihm gegeben hatte.

Wir sollten aufhören zu beten: »Gott, ändere meine Umstände«, und stattdessen beten: »Gott, verändere mich so, dass ich die Gelegenheit ergreifen kann, wenn sie sich bietet, und dass ich den Charakter habe, sie zu meistern.« Das ist wirklich wichtig.

Hast du aufgegeben? Bist du deprimiert und denkst über all die Dinge nach, die in deinem Leben falsch gelaufen sind? Oder hast du eine Vision? Bist du in dem, was du tust, auf diese Vision fokussiert, egal, wie die Dinge laufen? Gott hat in meinem Leben schon viele Male durch Josephs Geschichte zu mir gesprochen. Es gab Zeiten, in denen ich aufgeben wollte. Da waren Dinge, die ich im Natürlichen sah und die nicht mit der Vision in meinem Inneren übereinstimmten. Und doch wusste ich nicht, wie ich es hätte anders machen sollen. Ich gab einfach weiter mein Bestmögliches und diente dem Herrn, so gut ich es konnte.

Gehörst du zu denen, die aufgegeben haben und entmutigt sind? Dann musst du dich selbst aufbauen. Du musst dich selbst ermutigen bzw. stärken (1Sam 30,6). Rüttle dich selbst auf, sonst versinkst du. Du musst eine Vision haben. Du musst dich aufraffen und sagen: »Es spielt keine Rolle, wie dieser Tag aussieht, ich werde mein Bestes geben! Ich werde jemanden segnen! Ich werde mich aufmachen und meinem Arbeitgeber zum Erfolg verhelfen!« Selbst wenn du das Gefühl haben solltest, dass du von anderen nicht genügend zurückbekommst, spielt das keine Rolle. Mach einfach weiter und tu das Richtige, denn Gott wird dich segnen!

Sei ein Segen

Zu mir kam einmal ein Mann und beklagte sich über seine Arbeit. Er arbeitete schon seit vielen Jahren für seinen Chef und er war der erste – und eine Zeit lang der einzige – Angestellte dieses Mannes gewesen. Als das Unternehmen florierte, stellte der Inhaber andere Leute ein. Er beförderte sie in Positionen, die über jener seines ersten Mitarbeiters lagen. Dieser Mann war also immer noch der am schlechtesten bezahlte Mitarbeiter in der gesamten Firma, obwohl er schon länger dabei war als alle anderen.

Als er mir von seiner Situation erzählte, jammerte und meckerte er nur. Ich konnte sehen, dass er verbittert war. Er war kurz davor, aufzugeben und zu kündigen. Doch ich erklärte diesem Mann, dass seine Einstellung das eigentliche Problem sei. Ich sagte: »Du gehst an deine Arbeit für diesen Mann nicht mit dem Willen heran, Bestleistung zu bringen. Du bist verbittert. Du arbeitest dort nur, um bezahlt zu werden, aber du tust es nicht mit der richtigen Einstellung.«

Ich sagte diesem Mann, er müsse beten und seine Einstellung ändern. Ich sagte: »Du musst deinem Chef vergeben. Du musst ihn unterstützen und zum Erfolg verhelfen.« Und tatsächlich änderte er seine Einstellung und fing an, seine Arbeit fleißig und mit Engagement zu verrichten.

Einige Wochen später kam dieser Mann wieder auf mich zu und sagte: »Du wirst nicht glauben, was passiert ist.« Sein Chef war eines Tages an seinem Platz vorbeigekommen und hatte eine Bemerkung fallenlassen, die ihn normalerweise verärgert hätte. Anstatt jedoch verbittert zu reagieren, sagte dieser Mann einfach: »Ich vergebe Ihnen«, und ging zurück an seine Arbeit.

Sein Chef lief weiter, kam dann aber später zurück und fragte: »Was verzeihen Sie mir? Wofür muss mir vergeben werden?« Daraufhin sagte es ihm sein Mitarbeiter, aber er tat es ohne Bitterkeit. Dieser Mann sagte: »Ich bin Ihr ältester Mitarbeiter, und doch bin ich der am schlechtesten bezahlte. Sie haben all diese anderen Leute befördert und ich war deshalb nicht gut auf sie zu sprechen. Aber ich habe eingesehen, dass meine Einstellung falsch war. Von nun an werde ich sie unterstützen und mein absolut Bestes geben.«

Es stellte sich heraus, dass der Chef dieses Mannes Eheprobleme hatte. Er ließ zu, dass sein Mitarbeiter mit ihm betete und ihm diente. Dieser Mann, der verbittert zu mir gekommen war und sich über seinen Chef beschwert hatte, wurde schließlich in eine Position befördert, die ihn zum Vorgesetzten der anderen Mitarbeiter machte – und sein Gehalt wurde fast verdoppelt! Das alles geschah, weil er seine Einstellung änderte.

Du magst dich in einer misslichen Lage befinden, doch deshalb musst du nicht zwangsläufig verbittert sein und dich beklagen. Joseph hat das nicht getan. Joseph diente seinem Herrn mit ganzem Herzen. Und deshalb war der Segen Gottes in seinem Leben deutlich spürbar und sichtbar. Sein Herr beförderte ihn in eine Stellung mit solch weitreichenden Kompetenzen, dass Potiphar sich schließlich um nichts mehr kümmerte, was in seinem Haus vor sich ging. So sehr vertraute er Joseph. Dieser wurde befördert, weil er nicht murrte. Er war nicht verbittert. Er diente. Ich glaube, Joseph hatte eine gute Einstellung.

Wenn du deine Verbitterung zugelassen hast, wenn du deine Vision verloren und resigniert hast und nur noch mit dem Strom schwimmst, dann ist das nicht die richtige Art zu leben. Jeder tote Fisch kann stromabwärts treiben. Du jedoch musst umkehren und anfangen, stromaufwärts zu schwimmen. Du musst ein Ziel und eine Vision für dein Leben haben, und du musst anfangen, dich auf das zuzubewegen, wozu Gott dich berufen hat.

Ich schöpfe enorme Ermutigung aus Josephs Geschichte. Dieser Mann war in einer schlimmeren Situation, als ich sie je erlebt habe. Ich bin noch nie in die Sklaverei verkauft worden. Mein Bruder hat noch nie versucht, mich zu töten. Mir ist nie etwas von dem passiert, was Joseph widerfahren ist. Und wenn Joseph treu sein konnte – wenn er in einer Situation, die schlimmer ist als alles, was du oder ich erleben könnten, positiv eingestellt sein und trotzdem vortrefflich handeln konnte –, dann sollten wir als wiedergeborene, geistgetaufte Gläubige sicherlich in der Lage sein, die Probleme, mit denen wir konfrontiert sind, mit einer positiven Einstellung zu ertragen. Das sollte dich ermutigen!

KAPITEL 5

Bewahre dir deine Integrität

Im letzten Satz von 1. Mose 39,6 (KJV) heißt es: »Joseph war ein gottgefälliger Mensch und hochbegünstigt.« In moderneren Übersetzungen steht: »Joseph aber war von schöner Gestalt und gutem Aussehen.« In der Regel sind es nicht die gutaussehenden, stattlichen Menschen oder Personen mit außerordentlichen Talenten und Fähigkeiten, die von Gott gebraucht werden. Und zwar deshalb, damit sich kein Mensch vor Gott rühmen kann (1Kor 1,29).

In 1. Korinther 1,26–28 (EÜ) schreibt der Apostel Paulus:

> *Seht doch auf eure Berufung, Brüder und Schwestern! Da sind nicht viele Weise im irdischen Sinn, nicht viele Mächtige, nicht viele Vornehme, sondern das Törichte in der Welt hat Gott erwählt, um die Weisen zuschanden zu machen, und das Schwache in der Welt hat Gott erwählt, um das Starke zuschanden zu machen.*

Gott wählt oft Menschen aus, für die im Natürlichen nicht viel spricht, sodass, wenn er durch sie wirkt, er die Anerkennung dafür bekommt und nicht die Person selbst. Allerdings ist es auch wichtig zu verstehen, dass Gott nichts gegen Menschen hat, die stattlich sind, gut aussehen und in jeder Hinsicht erfolgreich sind.

Joseph ist ein Beispiel für einen Menschen, der von Natur aus gute Voraussetzungen mitbrachte, und dennoch hat Gott ihn gebraucht. Gott lehnt Menschen, die besondere Talente und

Fähigkeiten haben, nicht ab. Es ist nur so, dass Menschen, die solche Talente und Fähigkeiten haben, dazu neigen, sich auf sich selbst anstatt auf Gott zu verlassen. Er muss für seine Zwecke oft erst jemanden wie mich finden, der keine besonderen natürlichen Talente oder Fähigkeiten hat.

Einmal kontaktierte uns ein Mann, der zwar zum Dienst berufen war, der aber nicht verfolgte, was Gott für ihn vorgesehen hatte. Nachdem er gesehen hatte, wie ich diente, schrieb er uns und sagte: »Ich dachte, wenn Sie das schaffen, kann es jeder!« Später erwähnte er einige andere bekannte Diener Gottes, die aus meiner Heimatregion stammen, und fragte: »Warum scheint Gott immer Hinterwäldler aus Texas auszuwählen?« Worauf ich antwortete: »Weil Hinterwäldler aus Texas ihre Grenzen kennen und auf Gott angewiesen sind!« Amen!

Ich bin offensichtlich nicht die bestqualifizierte Person für das, was ich tue. Manche sehen in mir vielleicht nur einen Hinterwäldler aus Texas und einen Studienabbrecher. Doch der Herr hat mich dazu gebraucht, überall auf der Welt *Charis Bible College*s zu gründen, in denen Gläubige zugerüstet und Menschen für den Dienst ausgebildet werden. Im Natürlichen betrachtet ergibt das keinen Sinn. Gott hat jedoch mein Herz gesehen, nicht meinen fehlenden Studienabschluss.

Wir haben alle gesündigt und sind der Herrlichkeit Gottes nicht gerecht geworden (Röm 3,23). Ich bin hier, um dir zu sagen, dass Gott noch niemanden hatte, der qualifiziert genug gewesen wäre, um für ihn zu arbeiten. Demütige dich und mach es wie Joseph. Der Herr sucht nicht nach einem silbernen Gefäß, sondern lediglich nach einem, das sich ihm hingibt.

Situative Moral

Es geschah aber nach diesen Begebenheiten, dass die Frau seines Herrn ihre Augen auf Joseph warf und zu ihm sprach: Lege dich zu mir! — 1. Mose 39,7

»Lege dich zu mir« ist eine dezentere Formulierung für »Lass uns Sex haben«. Hier war Joseph, der seinem Herrn in mustergültiger Weise diente und dem alles im Haushalt anvertraut war, und Potiphars Frau versuchte, ihn zu verführen.

Die meisten Menschen wären verbittert, wenn sie vorher das bevorzugte Kind gewesen wären, einen bunten Mantel besessen hätten und so wohlhabend gewesen wären, dass keine Wünsche offenblieben, und dann in die Sklaverei verkauft worden wären. Sie wären wütend. Nun stell dir vor, so jemand bekäme Gelegenheit zu einem kleinen Ausgleich. Zu jener Zeit war Joseph noch unberührt – er hatte noch nie eine Beziehung zu einer Frau gehabt. Hier ist er nun, in einem fremden Land, von seiner Familie praktisch vergessen. Und plötzlich bietet sich ihm diese Frau an. Für viele Männer wäre das eine schwierige Situation gewesen.

Der einzige Grund, warum die meisten Menschen überhaupt eine gewisse Moral besitzen, liegt in den Konsequenzen, die sich aus einem Fehlverhalten ergeben könnten. Ich erinnere mich, von einem Test mit versteckter Kamera gelesen zu haben. Man legte eine Brieftasche auf den Bürgersteig, in der sich Bargeld befand, zusammen mit Kontaktdaten und einer Telefonnummer. Es ging darum zu beobachten, wie sich Passanten verhalten würden. Die Leute blieben stehen, hoben die Brieftasche auf und sahen das Geld darin.

Von all den Leuten, die die Brieftasche in die Hand nahmen, versuchte nur ein kleiner Prozentsatz, sie anhand der darin enthaltenen Informationen zurückzugeben. Der Großteil der Leute hingegen schaute lediglich in beide Richtungen, um zu sehen, ob irgendjemand zusah, bevor sie das Bargeld einsteckten und weiterliefen. Wenn diese Leute mit dem Geld weggingen, wurden sie von jemandem aus dem Team aufgehalten, der ihnen sagte, dass es sich um einen Test handelte. Sie wurden dann gefragt, warum sie trotz vorhandener Kontaktdaten nicht beschlossen, den Besitzer ausfindig zu machen und die Brieftasche zurückzugeben. Viele der Leute, die das Geld genommen hatten, sagten, sie hätten die Brieftasche deshalb nicht zurückgegeben, weil sie sich unbeobachtet wähnten und dachten, es hätte keine Konsequenzen. Man kann dieses Verhalten auch als Konsequenz einer situativen Moral bezeichnen.

Als ich in Vietnam diente, gab es dort einen Kameraden, der mit mir gemeinsam aufgewachsen war. Wir standen uns nicht nahe, aber wir kannten uns. Wir waren in derselben Gemeinde und kannten uns schon unser ganzes Leben lang. Und nun waren wir beide in Vietnam. Wir gehörten zwar nicht zur selben Einheit, aber wir sahen uns oft.

Von Zeit zu Zeit holte das US-Militär die Truppen aus den Einsatzgebieten zurück und hob ihre Gefechtsbereitschaft auf, man nannte das »Stand-Down«. Drei Tage lang gab man ihnen so viel zu trinken, wie sie wollten; der Alkohol floss in Strömen. Es wurden auch Frauen eingeflogen und es gab eine Musikshow mit Erotikeinlagen. Diese Frauen waren, wie sich zeigte, Prostituierte. Die Soldaten konnten also drei Tage lang so viel Alkohol, Drogen und Sex haben, wie sie wollten. All das wurde von der US-Regierung für die Truppen organisiert.

Dieser Mann, mit dem ich aufgewachsen bin, war nicht unbedingt ein Fanatiker in Bezug auf Gott, aber er war wiedergeboren. Zu Hause in den Staaten hätte er sich nie an so etwas beteiligt, weil es ein schlechtes Licht auf seine Familie geworfen hätte. Doch in Vietnam tat er es. Zu Hause hätte es in vielerlei Hinsicht Konsequenzen für ihn haben können. Am anderen Ende der Welt jedoch, wo jederzeit die Gefahr bestand, getötet zu werden, lagen die Dinge anders. Jemand, der dort diente, wusste nicht, ob er lebend aus Vietnam herauskommen würde, und zu Hause würde sicherlich niemand jemals von diesem unmoralischen Verhalten erfahren. Es gab also eine Menge Leute, die zu Hause in der Heimat niemals so gelebt hätten, aber in Vietnam warfen sie alle Hemmungen über Bord. Sie gaben sich jedem einzelnen Laster hin, nach dem ihnen der Sinn stand.

Ich war in einer Kompanie von zweihundert Leuten und jedes Mal, wenn sie uns zu diesen »Stand-Downs« zurückholten, war ich die einzige Person, die nicht zu den Shows ging und mitmachte. Ich war Kaplansgehilfe und sogar mein Kaplan betrank sich, kletterte auf die Bühne und versuchte, sich nackt auszuziehen und vor zweihundert Leuten Sex mit diesen Frauen zu haben. Und hier war ich, die einzige Person, die nicht mitmachte.

Genau so war es auch bei Joseph. Die Frau seines Herrn sagte: »Komm, leg dich zu mir.« Es hätte keine Konsequenzen für ihn gehabt. Er hätte denken können: *Nun ja, ich verdiene wenigstens ein bisschen Entschädigung, und wer wird es schon erfahren?* Die Frau seines Herrn hätte ihn sicher nicht verraten, denn das hätte auch ihren Kopf gekostet. Er wäre ungestraft davongekommen.

Die meisten Menschen, deren Moral sich nach der jeweiligen Situation richtet, würden genau so denken. Sie täten nur dann das Richtige, wenn sie wüssten, dass sie sonst zur Rechenschaft gezogen würden. Leider ist die Mehrheit der Menschen so. Sie sind nicht integer genug, um unabhängig davon, ob jemand zusieht oder nicht, das Richtige zu tun.

Dies ist jetzt nur meine persönliche Meinung, aber ich denke, dass viele posttraumatische Belastungsstörungen nicht allein auf die Schrecken des Krieges zurückzuführen sind. Der typische Soldat gibt sich sündigem Verhalten hin, indem er mit Prostituierten verkehrt, Drogen nimmt und sich betrinkt. Soldaten tun im Einsatz Dinge, die sie zu Hause niemals tun würden – wo sie ihrem Ehepartner oder ihrer Familie, ihrem Vater oder ihrer Mutter, ihrer Schwester oder ihrem Bruder oder jemand anderem gegenüber rechenschaftspflichtig wären. Ihre Schuld- und Schamgefühle fressen sie innerlich auf. Wenn sie also nach Hause kommen, haben sie vielleicht mit dem zu kämpfen, was sie im Krieg gesehen haben, aber ich glaube, dass auch eine Menge Schuldgefühle wegen all der anderen Dinge, die sie getan haben, eine Rolle spielen.

Beziehung mit Gott

Er aber weigerte sich und sprach zu der Frau seines Herrn: Siehe, mein Herr verlässt sich auf mich und kümmert sich um nichts, was im Haus vorgeht, und hat alles in meine Hand gegeben, was ihm gehört; es ist niemand größer in diesem Haus als ich, und es gibt nichts, das er mir vorenthalten hätte, ausgenommen dich, weil du seine Frau bist! Wie sollte ich nun eine so große Missetat begehen und gegen Gott sündigen? — 1. Mose 39,8–9

Was Joseph zu der Frau seines Herrn sagte, spricht eine deutliche Sprache. Es ging nicht um ihn. Es ging um das Dienen. Er ehrte seinen Herrn aufrichtig. Potiphar glaubte nach allem, was wir wissen, nicht an den Gott Josephs. Womöglich war er ein sehr gottloser Mann, aber Joseph hatte eine Verantwortung, und er ehrte seinen Herrn. Dann fügte er noch hinzu: »Wie sollte ich nun eine so große Missetat begehen und *gegen Gott sündigen*?«

Während meines Einsatzes in Vietnam hat Gott mir das sehr deutlich vor Augen geführt. Wie schon gesagt, es gab dort alle möglichen Versuchungen, und Menschen haben nun einmal das Bedürfnis, akzeptiert zu werden. Man will nicht hervorstechen und von den Leuten kritisiert werden. Es gab Leute in Vietnam, die mich ständig »Prediger« nannten und sich über mich lustig machten. Die Leute behandelten mich wie eine Plage. Sie sahen mich kommen und wandten sich ab, um in die andere Richtung zu gehen. Ich sage dir, wenn es dir gefällt, abgelehnt zu werden, dann stimmt etwas nicht mit dir. Mir hat das alles keinen Spaß gemacht. Und ich hatte den Wunsch, von den anderen akzeptiert zu werden. Ich wollte Teil von etwas sein.

Ich erinnere mich, dass ich damals in Chu Lai am Südchinesischen Meer, dem Hauptquartier meiner Division, wegen eines »Stand-Downs« dienstfrei hatte. Ich konnte die laute Musik und das Gejohle hören, die aus dem Pavillon drangen; ich hingegen saß einfach nur am Strand, während um mich herum all diese Ausschweifungen stattfanden. Der ganze Lärm war wie ein Magnet, der mich anzog, denn ich wollte akzeptiert werden. Doch da war Gott, der durch Josephs Worte zu mir sprach: *Wie sollte ich nun eine so große Missetat begehen und gegen Gott sündigen?* Anders war es bei diesem Freund von mir – er hatte die gleiche Erziehung wie ich genossen, doch er gab letztlich nach, weil ihm die Befriedigung seines Fleisches wichtiger war als seine Beziehung zu Gott.

Wenn du nur dann das Richtige tust, wenn du dich vor jemandem verantworten musst, kann ich dir garantieren, dass Satan dich in eine Lage bringen wird, in der du versucht sein wirst, Zugeständnisse zu machen. Das passiert ständig. Wenn du eine Beziehung zu Gott hast, geht es nicht darum, ob du erwischt werden könntest oder nicht; es geht darum, was Gott sagt.

Das war es, was mich in Vietnam nicht einknicken ließ. Ich spürte die Versuchung und den Drang, an dem teilzuhaben, was alle anderen taten – einfach, um von ihnen akzeptiert zu werden. Doch meine Liebe zu Gott war mir wichtiger als die Akzeptanz der Menschen. Ich weiß noch gut, wie Gott durch diesen Vers zu mir sprach. Ich dachte: *Gott, ich kann das nicht tun. Es ist mir egal, ob es jemals jemand erfährt oder nicht, denn du weißt es. So werde ich nicht leben. Ich will weder ihren Gratisalkohol noch ihre Gratisdrogen und auch nicht den angebotenen Sex. Ich mache solche Sachen nicht.* Und so dachte ich nur deshalb, weil ich eine echte Beziehung zu Gott hatte.

Einmal sollte ich in einer christlichen Schule einen Vortrag halten, und während ich wartete, las ich deren Werbematerial. Als wichtigstes Argument für die Wahl dieser Schule wurde der positive Gruppendruck angeführt. Da es sich, wie gesagt, um eine christliche Schule handelte und es dort christliche Kinder gab, wollte man den Gruppendruck nutzen, um die Schüler positiv zu beeinflussen, im Gegensatz zu öffentlichen Schulen, in denen der Gruppendruck negativ geprägt war. Ich verstand zwar, worauf man hinauswollte, dennoch ist das nicht der richtige Weg, weil man die Kinder dazu erzieht, sich als Teil einer Gruppe zu sehen.

Wenn es sich um eine christliche Gruppe handelt, ist das großartig! Doch man erzieht Menschen dazu, eine Herdenmentalität zu entwickeln und alles zu tun, was erforderlich ist, um von allen akzeptiert zu werden. Was passiert, wenn man diese Menschen aus ihrem christlichen Umfeld herausnimmt und sie in eine Situation versetzt, wie ich sie in Vietnam erlebt habe? Was ist, wenn sie in etwas hineingezogen werden, das keine Grenzen kennt, und ihnen die Möglichkeit gegeben wird, sich nach Lust und Laune an gottlosen Dingen zu beteiligen? Nun, der gleiche Gruppendruck, der in dieser christlichen Schule ausgeübt wurde, würde dazu führen, dass diese Menschen sich den anderen anschließen, nur um nicht ins Abseits zu geraten. Das ist nicht richtig! Gruppendruck sollte nie als Motivation für irgendetwas dienen. Es geht einzig und allein darum, eine persönliche Beziehung zu Gott zu haben.

Tu das Richtige

Dies gehört zu den Dingen an Joseph, die mir persönlich wirklich halfen. Joseph wollte den Herrn ehren, der ihm zwei Träume darüber gegeben hatte, was er in seinem Leben wirken würde. Das ist Integrität. In Sprüche 11,3 (EÜ) heißt es: »Die Redlichen leitet ihre Lauterkeit.« Gemeint ist damit, dass man als jemand, der eine Beziehung zu Gott hat, entschlossen sein sollte, immer das Richtige zu tun und ihm zu dienen, unabhängig davon, ob es gut ankommt oder nicht. Das setzt Grenzen und zwingt einen, innerhalb dieser Grenzen zu leben. Es wird keine Rolle spielen, ob andere Menschen ihre Maßstäbe ändern. Man selbst wird tun, was richtig ist.

Joseph war redlich, und das schränkte seinen Handlungsspielraum ein. Er ehrte seinen Dienstherrn, noch wichtiger aber war die Frage: »Wie sollte ich nun eine so große Missetat begehen und gegen Gott sündigen?« Das sollte etwas sein, das sich beim Lesen tief in dein Inneres einprägt. Wenn du eine Entscheidung triffst, sollte dein erster Gedanke sein: *Gott, es spielt keine Rolle, was die anderen sagen. Ich werde tun, was richtig ist, und ich werde mich nicht gegen dich versündigen.*

Leute werden vielleicht sagen: »Halte dich von allem fern, was sexuell unmoralisch ist, denn schließlich gibt es sexuell übertragbare Krankheiten! Das ist wie russisches Roulette – es ist nur eine Frage der Zeit, bis du dir irgendetwas einfängst.« Das mag schon stimmen, aber es sollte nicht der eigentliche abschreckende Grund sein.

Es stimmt, dass die Sünde körperliche Folgen hat, aber das eigentliche Motiv für den Gehorsam sollte die persönliche Beziehung zu Gott sein. Selbst wenn es beispielsweise ein Heilmittel für HIV/Aids gäbe, wäre Homosexualität dennoch nicht richtig, weil sie Gott nicht ehrt.

Jesus sagte: »Am Anfang der Schöpfung aber hat Gott sie als Mann und Frau erschaffen« (Mk 10,6). Die Ehe besteht zwischen einem Mann und einer Frau, und es spielt keine Rolle, was die Gesellschaft sagt. Es gibt viele Christen, die in dieser Frage einknicken, weil Homosexualität gesellschaftlich anerkannt ist. Unsere Kultur hat ihr gewissermaßen den Status der Normalität verliehen. Und selbst diejenigen, die mit dieser Lebensweise nicht einverstanden sind, finden, dass Christen nicht sagen sollten, dass Homosexualität falsch sei.

Es ist nicht populär, zu dem zu stehen, was das Wort Gottes sagt. Und viele Christen geben aufgrund ihrer Herdenmentalität und dem Wunsch, akzeptiert zu werden, nach. Das ist einfach falsch. Du musst erkennen, dass es deine persönliche Verantwortlichkeit gegenüber Gott ist, die dir Charakter und Integrität verleiht und dir Grenzen für dein Leben setzt.

Joseph hatte eine Beziehung zu Gott. Er hatte Joseph gezeigt, dass er befördert werden würde und dass seine Brüder kommen und sich vor ihm verbeugen würden. Joseph hatte eine Vision, die ihn zügelte und ihn auf dem rechten Weg hielt. Und er weigerte sich, von diesem Weg abzuweichen.

Fliehe vor Versuchung

Und obwohl sie ihm Tag für Tag zuredete, hörte er doch nicht auf sie, dass er sich zu ihr gelegt oder sich an ihr vergangen hätte. Es geschah aber an einem solchen Tag, als er ins Haus kam, um seine Arbeit zu tun, und niemand von den Leuten des Hauses anwesend war, dass sie ihn bei seinem Obergewand ergriff und zu ihm sprach: Lege dich zu mir! Er aber ließ das Obergewand in ihrer Hand und floh und lief hinaus.
— 1. Mose 39,10–12

Die Bibel sagt: »Widersteht dem Teufel, so flieht er von euch« (Jak 4,7), sie sagt aber auch: »Flieht die Unzucht« (1Kor 6,18). Vor dem Teufel kann man nicht einfach fliehen; man muss ihm in erster Linie widerstehen. Man kann aber vor der Versuchung fliehen. Die meisten Menschen widerstehen der Versuchung, fliehen jedoch vor dem Teufel, was das genaue Gegenteil davon ist, was Gott sagt.

Du solltest vor Situationen fliehen, die dich in Versuchung bringen. Du solltest Filme und andere Dinge meiden, die sündiges Verlangen in deinem Herzen aufkeimen lassen. Du solltest dich nicht Dingen aussetzen, die Ehebruch, Unzucht und andere gottlose Dinge zum Unterhaltungsgegenstand machen. Du musst auf Gott fokussiert bleiben. Man muss vor der sexuellen Sünde fliehen und *dann* dem Teufel widerstehen. Joseph floh vor der Frau seines Herrn. Er weigerte sich sogar, auch nur in ihrer Nähe zu sein.

Doch obwohl er »nicht auf sie [hörte], dass er sich zu ihr gelegt oder sich an ihr vergangen hätte«, erforderte irgendeine Angelegenheit, deren Erledigung ihm sein Herr aufgetragen hatte, dass er in das Haus ging. Doch »als er ins Haus kam, um seine Arbeit zu tun …, [war] niemand von den Leuten des Hauses anwesend«.

Offenbar hatten sich bei früheren Gelegenheiten andere Personen im Haus befunden, die ihn davor bewahrten, mit Potiphars Frau allein zu sein, aber diesmal war niemand da. Also »[ergriff] sie ihn bei seinem Obergewand und [sprach] zu ihm: Lege dich zu mir! Er aber ließ das Obergewand in ihrer Hand und floh und lief hinaus«. Joseph floh vor der Unzucht.

Dies zeigt, dass Joseph die richtige Herzenshaltung hatte. Er verhielt sich nicht passiv und war auch nicht ängstlich darauf bedacht, Potiphars Frau ja nicht zu kränken. Joseph war es egal, ob sie beleidigt war oder nicht. Er wollte sich auf keinen Fall von ihr kompromittieren lassen, also floh er und ließ sein Gewand in ihrer Hand zurück.

Unterscheide Liebe von Lust

Als sie nun sah, dass er das Obergewand in ihrer Hand gelassen hatte und entflohen war, da rief sie die Leute ihres Hauses herbei und sprach zu ihnen: Seht, er hat uns den Hebräer ins Haus gebracht, damit er Mutwillen mit uns treibt! Er kam zu mir herein, um bei mir zu liegen; ich aber habe aus Leibeskräften geschrien! Als er nun hörte, dass ich meine Stimme erhob und schrie, ließ er sein Obergewand neben mir liegen und floh hinaus! — 1. Mose 39,13–15

Das war eine glatte Lüge ihrerseits und verdeutlicht noch etwas anderes. Was diese Frau für Joseph empfand, war keine Liebe. Es war nichts als Lust. Und als sie von Joseph zurückgewiesen wurde, verwandelte sich ihre sogenannte Liebe auf der Stelle in Hass.

Sexuelle Unmoral wird in unserer Gesellschaft glorifiziert und begünstigt. Unsere heutige Gesellschaft ist dermaßen stark sexualisiert – man sieht es einfach überall. Menschen sagen vielleicht, dass sie jemanden lieben, aber es ist nicht Gottes Art von Liebe. Sie ist bloß irdisch, sinnlich und teuflischen Ursprungs (Jak 3,15). Man kann erkennen, dass die »Liebe«, die Potiphars Frau für Joseph empfand, nicht Gottes Art von Liebe war; sie war rein egoistischer Natur. Als sie von Joseph zurückgewiesen wurde und er nicht in eine sexuelle Begegnung einwilligte, log sie über ihn und ließ Joseph ins Gefängnis werfen. Was für eine Art von Liebe ist das? Das ist überhaupt keine Liebe.

Leider hat die heutige Welt keine Ahnung davon, wie Gottes Art von Liebe aussieht. Die Liebe der Welt ist emotional und egoistisch. Und wenn sie nicht das eigene Ego befriedigt, verwandelt sie sich umgehend in Hass. Potiphars Frau war bereit, in Bezug auf Joseph zu lügen und ihn einsperren zu lassen. Was sie betraf, hätte er für den Rest seines Lebens im Gefängnis verrotten können. Noch einmal: Wer so handelt, liebt nicht wirklich.

Gottes Art der Liebe wird in 1. Korinther 13,4–8 beschrieben und sie unterscheidet sich grundlegend von dem, was die Welt heute Liebe nennt. Was die Welt Liebe nennt, ist eigentlich Begierde. Man kann den Unterschied zwischen Gottes Art der Liebe und bloßer Lust unter anderem an der Selbstsucht erkennen. Gottes Art der Liebe ist selbstlos. Man denkt mehr an die andere Person als an sich selbst. Bei der Lust hingegen geht es immer nur um einen selbst. Es geht immer um die Befriedigung der eigenen Begierden.

Vertraue dich dem Herrn an

Und sie ließ sein Obergewand neben sich liegen, bis sein Herr nach Hause kam. Dem erzählte sie die gleiche Geschichte und sprach: Der hebräische Knecht, den du uns gebracht hast, ist zu mir hereingekommen, um Mutwillen mit mir zu treiben; als ich aber meine Stimme erhob und schrie, ließ er sein Obergewand neben mir liegen und entfloh nach draußen! Als nun sein Herr die Rede seiner Frau hörte, als sie sprach: So und so hat mir dein Knecht getan!, da entbrannte sein Zorn. Und der Herr Josephs nahm ihn und warf ihn ins Gefängnis, dorthin, wo die Gefangenen des Königs gefangen lagen; so war er dort im Gefängnis. — 1. Mose 39,16–20

Eine wichtige Erkenntnis aus dieser Geschichte ist das, was *nicht* geschehen ist. Joseph versuchte zu keiner Zeit, sich zu rechtfertigen. Josephs Rechtschaffenheit ließ ihn nicht mit der Frau seines Herrn schlafen, und er hätte andere Diener finden können, die seine Rechtschaffenheit bezeugt hätten, aber er tat es nicht. Er hat nicht versucht, sich zu rechtfertigen.

Es ist möglich, dass Joseph als Sklave nicht das Recht hatte, sich zu verteidigen. Sein Herr hat ihn vielleicht gar nicht erst nach seiner Version der Geschichte gefragt. Die meisten Menschen in einer ähnlichen Situation hätten jedoch ihre eigene Unschuld beteuert. Wir würden selber für uns einstehen, aber Joseph vertraute sich einfach dem Herrn an.

In Johannes 5,44 sagte Jesus:

Wie könnt ihr glauben, die ihr Ehre voneinander nehmt und die Ehre von dem alleinigen Gott nicht sucht?

Die meisten von uns sind dermaßen darauf angewiesen, von anderen anerkannt zu werden, dass sie ihre Seele an den Teufel verkaufen würden, wenn ihnen das die Akzeptanz ihrer Mitmenschen einbrächte. Menschen, die wirklich in einer Beziehung zu Gott leben, werden einfach vor ihm stehen und nicht den Drang haben, sich zu rechtfertigen. Gott wird sie rechtfertigen.

Vor Jahren wurde ich gewissermaßen aus der Stadt gejagt, weil ich fälschlicherweise einer Sache beschuldigt wurde, die ich nicht zu verantworten hatte. Ich verpasste eine Beerdigung, zu der mich alle erwartet hatten. Ich hätte dort sein sollen, doch tatsächlich wurde ich auf dem Weg dorthin entführt. Das war der Grund, warum ich nicht auftauchte. Doch weil ich nicht gekommen war, wurde ich von den Mitgliedern fünf verschiedener Bibelkreise, die ich leitete, einfach verstoßen. Sie verstanden nicht, was los war.

Ich hätte mich rechtfertigen können, aber ich wollte die Leute, die mich entführt hatten, nicht verraten. Ich wollte sie nicht bloßstellen, während sie um ihren verstorbenen Angehörigen trauerten. Ich ließ es einfach ruhen. Es war schwer für Jamie und mich, aber unsere Beziehung zu Gott und unsere Integrität waren uns wichtiger als der Wunsch, uns zu rechtfertigen. Fünf Jahre später offenbarte Gott, was geschehen war, und zwar auf eine Weise, die uns vollständig entlastete.

Es gab eine andere Situation, in der sich ein bekannter Prediger vor seine Gemeinde hinstellte, den Leuten sagte, ich sei der raffinierteste Sektenführer seit Jim Jones, und sie aufforderte, meine Materialien zu verbrennen. Anstatt mich zu rächen, sagte ich einfach nichts, weil ich nicht wollte, dass sich die Leute gegen diesen Prediger wandten. Ich wusste nicht, warum dieser Mann so wütend auf mich reagierte, aber ich versuchte auch nicht, mich zu rechtfertigen.

Etwa zwanzig Jahre später war ich in einer christlichen Fernsehsendung zu Gast, in der wir beide interviewt wurden. Und dieser Prediger erzählte mir bei der Gelegenheit, wie gern er mich mochte und dass er sich meine Sendung tagtäglich ansah. Er lud mich sogar zu sich nach Hause ein und gab mir seine private

Telefonnummer. Ich weiß nicht, was passiert war, aber Gott hat uns wieder zusammengebracht. Gott hat mich verteidigt!

Genau das sehen wir hier in Josephs Geschichte. Joseph hat sich nicht verteidigt. Er vertraute darauf, dass Gott es in Ordnung bringen würde.

In Römer 12,19 steht: »Mein ist die Rache; ich will vergelten, spricht der Herr.« Anstatt dich selbst zu verteidigen, kannst du dich einfach von Gott verteidigen lassen. Wenn du die Einstellung hast, dass du immer Recht haben und jedes Unrecht korrigieren musst, kann Gott dich nicht verteidigen. Du kannst dich entweder von Gott verteidigen lassen oder du kannst dich selbst verteidigen. Ich kann dir jedenfalls versichern, dass Gott dich besser verteidigen wird, als du dich selbst verteidigen könntest.

Manchmal muss man tatsächlich aufstehen und gegen das Böse ankämpfen, wenn Wahrheit gegen Lüge steht, doch wenn es darum geht, sich selbst zu verteidigen, ist das keine gottgefällige Haltung. Das ist nicht die Haltung, die Joseph hatte. Joseph sagte nicht ein Wort. Er kannte die Wahrheit – und wusste, dass die Frau seines Herrn die Wahrheit kannte –, doch auch wenn er zu Unrecht beschuldigt wurde, musste er die Konsequenzen tragen. Trotz dieser Ungerechtigkeit verlor er nicht seinen Glauben an die beiden Visionen, die Gott ihm gegeben hatte, wonach er in eine hohe Stellung gebracht würde und seine Brüder schließlich kommen und sich vor ihm verbeugen würden.

KAPITEL 6

Sieh nicht auf deine Umstände

Aber der HERR war mit Joseph und verschaffte ihm Gunst und schenkte ihm Gnade vor den Augen des Kerkermeisters. Und der Kerkermeister gab alle Gefangenen, die im Kerker waren, in Josephs Hand; und alles, was es dort zu tun gab, geschah durch ihn. Der Kerkermeister kümmerte sich nicht im Geringsten um irgendetwas, das [Joseph] in die Hand nahm; denn der HERR war mit ihm, und der HERR ließ alles gelingen, was er tat. — 1. Mose 39,21–23

Als es ganz und gar nicht danach aussah, dass Joseph Gelingen hatte oder Gott mit ihm war, heißt es in der Bibel: »Der Herr war mit ihm« (1Mo 39,3). Und weil es so war, wurde Jospeh befördert und zum Vorsteher des Hauses seines Herrn. Dann log Potiphars Frau in Bezug auf Joseph, woraufhin er ins Gefängnis geworfen wurde. Den meisten von uns dürfte klar sein, dass das noch schlimmer war als ein Sklavendasein. Das Gefängnis, in dem Joseph war, kann man garantiert nicht mit unseren heutigen Gefängnissen vergleichen, in denen es Flachbildfernseher und alle möglichen anderen Annehmlichkeiten gibt. Das war eine schlimme Situation.

Und doch sagt die Bibel: »Aber der HERR war mit Joseph und verschaffte ihm Gunst.« Auch hier ist er ein erfolgreicher Mensch

– sogar im Gefängnis. Das ist großartig! Es spielt keine Rolle, wie die Dinge von außen betrachtet wirken; du musst dem vertrauen, was Gott dir in deinem Herzen offenbart hat. Alles, was im Natürlichen ist, kann sich ändern.

In 2. Korinther 4,17–18 sagt Apostel Paulus:

Denn unsere Bedrängnis, die schnell vorübergehend und leicht ist, verschafft uns eine ewige und über alle Maßen gewichtige Herrlichkeit, da wir nicht auf das Sichtbare sehen, sondern auf das Unsichtbare; denn was sichtbar ist, das ist zeitlich; was aber unsichtbar ist, das ist ewig.

Beachte, dass Paulus sagt: »Was sichtbar ist, das ist zeitlich.« Das bedeutet, es ist vergänglich oder unterliegt der Veränderung. Doch das, was nicht sichtbar ist, ist ewig. Für die meisten Menschen richtet sich die Beurteilung ihres Lebens danach, wie es im Natürlichen aussieht – was ihr Arzt oder ihr Bankkonto sagt. Du solltest dein Leben jedoch so führen, dass du stattdessen glaubst, was Gott sagt.

Meine Frau und ich haben aufgrund meiner eigenen Dummheit zehn Jahre lang extreme Armut erlebt. Es gab eine Situation, als Jamie im achten Monat schwanger war und wir zwei Wochen lang nichts zu essen hatten, wir konnten nur Wasser trinken. Das war furchtbar. Es war meine Schuld, weil ich dachte, ich würde gegen Gott sündigen, wenn ich mir als ein zum Dienst Berufener einen regulären Job suchte. Das war falsch, aber so habe ich eben gedacht. Mein Herz war aufrichtig, aber mein Kopf dachte verkehrt, dennoch waren wir in unseren Herzen nie arm.

Obwohl wir diese Armut durchlebten, haben wir nie von Armut gesprochen oder daran gedacht. Wir sahen es nie als das Leben an, das wir dauerhaft führen würden. Für mich stand nie auf dem

Plan, in dieser Situation zu verbleiben. Ich glaubte immer noch, dass Gott mir wohlgesonnen war und dass es uns gut gehen würde. Es kommt nicht darauf an, wie die Umstände sind, sondern darauf, was du in deinem Herzen siehst, und ich sah mich selbst gedeihen. Äußerlich ging es mir nicht gut, aber innerlich wuchs ich.

Es gab Zeiten, in denen ich mich gesund sah, obwohl mein Körper krank wirkte. Ich hatte eine Vision, die mich als geheilt zeigte. In Sprüche 23,7 (KJV) heißt es: »Wie ein Mensch in seinem Herzen denkt, so ist er.« Wenn du dich selbst als erfolgreich sehen kannst, unabhängig davon, was die Umstände sagen, wirst du letztendlich auch erfolgreich sein. Wenn du dich selbst als geheilt sehen kannst, wirst du schließlich auch geheilt werden. Wenn du es innerlich sehen kannst – wie du in deinem Herzen denkst –, dann wird dein Leben dem auch folgen. Dies sind gewichtige Aussagen, doch genau das habe ich durch das Studium von Josephs Leben in der Bibel zu glauben gelernt.

Der Herr war mit Joseph und verschaffte ihm Gunst, auch wenn das unter normalen Umständen niemand glauben würde. Nachdem Gott Joseph diese beiden Träume gegeben hatte (1Mo 37,5–11), schien in dessen Leben alles in die falsche Richtung zu laufen. Seine Brüder lehnten ihn ab, versuchten, ihn zu töten, und verkauften ihn schließlich in die Sklaverei (1Mo 37,18–28). Als Sklave wurde er von der Frau seines Herrn falsch beschuldigt und ins Gefängnis geworfen (1Mo 39,13–20).

Jeder Schritt, den Joseph ging, schien weiter nach unten zu führen, anstatt nach oben. Doch diese Visionen zeigten Joseph, dass er eines Tages erhöht werden würde und dass seine Brüder tatsächlich kommen und sich vor ihm verbeugen würden.

Bleibe motiviert

Die eine oder andere negative Situation durchzustehen, das bekommen viele noch hin, doch wenn es jahrelang nur immer weiter bergab statt bergauf geht, geben die meisten Menschen auf. Joseph bewahrte seine Integrität und verlor auch nicht das Ziel aus den Augen. Als er im Gefängnis saß, beklagte er sich nicht, er war nicht verbittert, er war nicht wütend, er war nicht deprimiert und er gab nicht auf. Er lief sozusagen immer noch auf allen Zylindern, vertraute Gott und glaubte, dass diese Visionen wahr werden würden.

Potiphar sah, dass der Herr mit Joseph war und dass alles, was er tat, glückte. Das ist bei Menschen, die verbittert und zornig sind und in Unversöhnlichkeit leben, nicht der Fall – Menschen, die einfach aufgegeben haben und deprimiert sind. Nein, Joseph vertraute Gott immer noch. Er war immer noch ein integrer Mensch, auch wenn in seinem Leben alles schief zu laufen schien. Und weil er eine gute Einstellung bewahrte, übertrug der Gefängnisaufseher Joseph die Verantwortung für sämtliche Gefangenen.

In Bezug auf die Ägypter wird dies zwar nicht ausdrücklich mitgeteilt, doch als die Römer zur Zeit des Neuen Testaments kamen (Apg 16,23–24.27), wurde der Wärter zum Tode verurteilt, wenn Gefangene entkamen, weil er sie aus den Augen gelassen hatte. Der Wärter war also voll verantwortlich für das, was mit den Gefangenen geschah. Ich vermute, dass dies auch in Ägypten der Fall war. Doch dieser Gefängnisaufseher hatte trotz möglicher Konsequenzen so viel Vertrauen in Joseph, dass er sich um die Geschehnisse an seinem Arbeitsplatz gar nicht mehr kümmerte. Im Grunde machte er sich einfach einen schönen Tag und beschäftigte sich mit angenehmeren Dingen, denn er verließ sich darauf, dass Joseph das Richtige tun würde.

Das sagt so einiges über Joseph aus. Obwohl er im Gefängnis war, hielt er an Gott fest, vertraute ihm und glaubte ihm. Dies war so offenkundig, dass die Menschen es bemerkten. Der Gefängnisaufseher war sogar bereit, seine eigenen Verantwortlichkeiten komplett auf Joseph zu übertragen, obwohl er damit unter Umständen sein Leben riskierte.

Zum Zeitpunkt der Erstellung dieses Buches arbeiten mehr als elfhundert Leute für mich. Die überwiegende Mehrheit von ihnen ist einfach großartig, aber wir haben auch ein paar Mitarbeiter, die einfach nur deprimiert, entmutigt und negativ eingestellt sind. Solche Leute befördere ich nicht. Ich würde ihnen nicht die Verantwortung für irgendwelche Dinge übertragen. Und ich kann dir versichern, dass es vor 4000 Jahren nicht anders zuging. Dass dieser Gefängnisaufseher Joseph diese Art von Verantwortung übertrug, ist ein eindeutiger Beleg für Josephs exzellente Einstellung.

Joseph hatte nicht aufgegeben. Er hatte nicht das Handtuch geworfen und gedacht: *Wozu das Ganze? Gott zu dienen, hat mich nicht weitergebracht.* Joseph hielt weiterhin an Gott fest, wenngleich jeder Schritt, den er tat, rückwärts statt vorwärts zu gehen schien.

Mit Vortrefflichkeit dienen

Nach diesen Begebenheiten geschah es, dass der Mundschenk des Königs von Ägypten und der [oberste] Bäcker sich gegen ihren Herrn, den König von Ägypten, versündigten. Da wurde der Pharao zornig über seine beiden Hofbeamten, den obersten Mundschenk und den obersten Bäcker, und er ließ sie in Haft setzen im Haus des Obersten der Leibwache, in den Kerker, in dem Joseph gefangen lag. Und der Oberste

der Leibwache übertrug Joseph die Sorge für sie, und er diente ihnen, und sie waren längere Zeit im Gefängnis.
— 1. Mose 40,1–4

Gott hat es so gefügt, dass diese beiden Menschen an denselben Ort gebracht wurden, an dem auch Joseph war. Gott zwingt uns nicht einfach, seinen Willen zu tun, sondern er wirkt durch Vorsehung hinter den Kulissen. Wäre Joseph nicht in die Sklaverei verkauft und nicht ins Gefängnis geworfen worden, und wären dieser Bäcker und dieser Mundschenk nicht ebenfalls weggesperrt worden, hätte diese Verbindung nie so zustande kommen können. Und Joseph wäre nie der Herrscher über Ägypten geworden. Ich glaube, dass Gott auch für uns auf diese Weise wirkt und im Verborgenen eines ins andere fügt, ohne dass es für uns erkennbar wäre.

Der Vorsteher des Gefängnisses betraute Joseph mit der Sorge für den Mundschenk und den Bäcker. Sie waren vom Pharao verstoßen und ins Gefängnis geworfen worden. Sie kamen an den Ort, an dem Joseph gefangen gehalten wurde, und er kümmerte sich um sie. Beachte, dass es heißt, »er diente ihnen«. Hier sehen wir Joseph, der im Gefängnis sitzt und sich trotzdem integer verhält, der an andere denkt und nicht nur an sich selbst.

Die meisten Menschen würden sich in einer solchen Situation einfach ins Eck setzen und ihre Wunden lecken. Sie wären verbittert und unversöhnlich. Die Mehrheit würde den Mundschenk und den Bäcker ansehen und denken: *Na und, wen kümmern die schon? Seht euch bloß mal meine Lage an!* Aber Joseph hat den Menschen gedient.

Während seiner Gefangenschaft kümmerte sich Joseph um Menschen, die man abgeschrieben hatte. Sie waren Gefangene, genau wie er, und vermutlich hätten sie nur an sich selbst und ihre

Probleme gedacht. Aber Joseph diente ihnen und war für sie da. Wie sich herausstellte, war der Mundschenk sein Ticket aus dem Gefängnis.

Vielleicht bist du gerade in einer Situation, in der Leute um dich herum Hilfe benötigen, doch du denkst nur an dich selbst und daran, was bei dir gerade los ist. Doch einer der schnellsten Wege, um aus deinen Problemen herauszukommen, besteht darin, dich um andere Menschen zu kümmern.

Ich sage das in liebevoller Absicht, aber es könnte sein, dass du die Lösung deiner Probleme gerade sausen lässt, weil du an niemanden außer an dich selbst denkst. Du sitzt vielleicht da und leckst deine Wunden, während Gott dir Menschen über den Weg schickt, die dein Leben verändern könnten. Doch du verpasst diese Chancen, weil du nur dich selbst im Blick hast.

Ich will dich nicht verurteilen. Ich möchte dich vielmehr ermutigen. Sieh dir an, was Joseph getan hat! Er diente den Menschen in einer Situation, in der Menschen ihm hätten dienen sollen. Jemand hätte kommen und Joseph helfen sollen, stattdessen half er den anderen.

Dein ewiger Lohn

Ich hörte einmal die Geschichte eines Ehepaars, das jahrzehntelang im Ausland im Missionseinsatz gewesen war. Die beiden hatten ihr ganzes Leben geopfert und im Verborgenen Menschen gedient, die ihnen wahrscheinlich nie etwas hätten zurückgeben können. Die meisten dieser Menschen werden wohl gar nichts von ihrer Hilfe gewusst haben.

Als sie alt wurden und sich zur Ruhe setzten, übergaben sie den Dienst an jemand anderen und kehrten per Flugzeug nach Hause zurück. Beim Auschecken sahen sie Menschen im Flughafengebäude stehen, die Transparente hochhielten, auf denen »Willkommen zu Hause!« stand. Der Mann dachte sich: *Das ist ja großartig! Diese Leute sind hier, um uns zu Hause willkommen zu heißen!* Es stellte sich jedoch heraus, dass diese Banner nicht für sie bestimmt waren. Die Menschenmenge war da, um einen Würdenträger zu begrüßen, der ebenfalls an Bord gewesen war. Tatsächlich war aber niemand am Flughafen, um das Missionarsehepaar zu begrüßen.

Der Mann fing an zu hadern und sagte zu seiner Frau: »Über Jahrzehnte haben wir unser Leben geopfert. Wir haben gedient, und jetzt ist kein einziger Mensch hier, um uns zu begrüßen. Und dann kommt ein Promi daher, der nichts getan hat, um auch nur das Leben eines einzigen Menschen positiv zu verändern, und doch sind all diese Leute hier, um ihn zu Hause willkommen zu heißen.

Seine Frau fasste ihn bei der Hand und sagte: »Wir sind aber noch gar nicht zu Hause!« Das ist einfach großartig!

In diesem Leben wirst du vielleicht nie die Anerkennung erhalten, die du verdienst, aber du bist noch nicht zu Hause. Diese Welt ist nicht unser Zuhause. Eines Tages werden wir vor Gott stehen und ich garantiere dir, dass diejenigen, die andere Menschen zum Herrn geführt und Gott gedient haben, wie die Sonne strahlen werden. Es liegen Belohnungen für uns bereit, die buchstäblich nicht von dieser Welt sind, jedoch dürfen wir in diesem Leben nicht nur an uns selbst denken.

Selbst wenn sich Josephs Situation nie gebessert hätte, wenn er gestorben und in die Ewigkeit gegangen wäre, hätte Gott ihn für die Art und Weise belohnt, in der er trotz seiner misslichen Lage anderen Menschen diente. Als er selbst in Schwierigkeiten war, dachte er nicht an seine eigenen Probleme, sondern kümmerte sich um das Wohl anderer. Keine solche Tat wird je unbelohnt bleiben. In Matthäus 10,41–42 sagte Jesus:

Wer einen Propheten aufnimmt, weil er ein Prophet ist, der wird den Lohn eines Propheten empfangen; und wer einen Gerechten aufnimmt, weil er ein Gerechter ist, der wird den Lohn eines Gerechten empfangen; und wer einem dieser Geringen auch nur einen Becher mit kaltem Wasser zu trinken gibt, weil er ein Jünger ist, wahrlich, ich sage euch, der wird seinen Lohn nicht verlieren!

Gott achtet auch auf die kleinsten Dinge. Unabhängig davon also, ob deine Lage Aussicht auf Besserung hat oder nicht, musst du anfangen, an andere Menschen zu denken. Du musst damit beginnen, anderen zu dienen.

Zeige Interesse an anderen

Und sie hatten beide einen Traum in derselben Nacht, jeder einen Traum von besonderer Bedeutung, der Mundschenk und der Bäcker des Königs von Ägypten, die in dem Kerker gefangen lagen. Als nun Joseph am Morgen zu ihnen kam, sah er sie an, und siehe, sie waren bedrückt. Da fragte er die Höflinge des Pharao, die mit ihm im Gefängnis seines Herrn waren, und sprach: Warum macht ihr heute ein so finsteres Gesicht? — 1. Mose 40,5–7

Das ist wirklich erstaunlich! Diese Burschen waren im Gefängnis, und damals war es nicht so wie heute, wo es Klimaanlage und Heizung gibt und die Gefangenen drei Mahlzeiten am

Tag unter hygienischen Bedingungen bekommen. Die Gefängnisse der Antike waren entsetzlich, dennoch fand Joseph es ungewöhnlich, dass sowohl Mundschenk als auch Bäcker düster dreinschauten.

Die meisten werden sich denken: *Na ja, jeder im Gefängnis ist unglücklich.* Doch auf die Gefangenen unter Josephs Aufsicht traf das nicht zu, denn er kümmerte sich um sie. Joseph behandelte diese Leute freundlich. Wahrscheinlich wurden sie im Gefängnis besser behandelt als jemals zuvor in ihrem Leben. Als er hereinkam und die Gefangenen betrübt vorfand, war das also schon eine ungewohnte Situation.

Das spricht Bände über Joseph und die Art von Mensch, die er war. Er machte das Leben aller um ihn herum besser, weil er nicht dasaß und sich über seine eigene Situation beklagte. Wir leben in einer gefallenen Welt und schlimme Dinge passieren. Vielleicht leidest du, doch davon musst du dir nicht deine Reaktion vorschreiben lassen. Du kannst beschließen, dich trotzdem im Herrn zu freuen, unabhängig davon, was passiert. In Philipper 4,4 heißt es:

Freut euch im Herrn allezeit; abermals sage ich: Freut euch!

Paulus war derjenige, der hierzu aufforderte, und er wusste, wie es war, im Gefängnis eingesperrt zu sein.

In Apostelgeschichte 16,23–28 befanden sich Paulus und Silas im tiefsten Verlies des Gefängnisses. Sie waren auf den Rücken geschlagen worden und ihre Füße steckten im Stock. Obwohl es in diesem Verlies kein Licht gab und alle möglichen schlimmen Dinge vor sich gingen, priesen sie Gott um Mitternacht. Und sie priesen Gott nicht etwa deshalb, weil sie etwas bei ihm erreichen wollten, denn als das Erdbeben kam und alle Ketten abfielen und die Gefängnistüren aufsprangen, flohen sie nicht – sie blieben einfach an Ort und Stelle. Sie priesen Gott, weil sie ihn wirklich liebten. Und die Gefangenen, die sie hörten, flohen ebenfalls nicht.

Paulus und Silas legten so viel Freude und Anbetung gegenüber Gott an den Tag, dass die anderen Gefangenen im Gefängnis mehr Freiheit erfuhren, als es draußen jemals der Fall gewesen wäre – und zwar so intensiv, dass sie nicht fortliefen, als ihre Ketten abfielen und die Türen aufsprangen. Genau das sagten Paulus und Silas dem philippischen Kerkermeister, der sich das Leben zu nehmen drohte: »Tu dir kein Leid an; denn wir sind alle hier!« (Apg 6,28).

So ähnlich war es auch bei Joseph, der im Gefängnis an andere Menschen dachte und sich um sie kümmerte. Vielleicht bist du in einer Situation, die nicht annähernd so schlimm ist wie die von Joseph, und doch denkst du nur an dich selbst. Du kümmerst dich nicht um andere, weil du denkst, dass es dir so viel schlechter geht als ihnen. Wenn du an deiner Bitterkeit, deiner Unversöhnlichkeit und deiner Wut festhältst, ist es, als würdest du Gift trinken und erwarten, dass ein anderer Mensch dadurch zu Schaden kommt. Doch die anderen machen mit ihrem Leben weiter, während du derjenige bist, der sich selbst verletzt. Du musst darüber hinwegkommen und anfangen, an andere Menschen zu denken.

Joseph kümmerte sich derart gut um die anderen Gefangenen, dass es völlig ungewöhnlich war, wenn sie traurig waren. Joseph war ein Mensch, der sich selbst in den Hintergrund stellte. Er gab Gott den ersten Platz und anderen Menschen den Vorrang vor sich selbst. Joseph hielt an der Vision fest, die Gott ihm durch die beiden Träume gegeben hatte, und er wusste, dass er diese Situation eines Tages hinter sich lassen würde. Er gab nicht auf.

Gott offenbart Geheimnisse

Sie antworteten ihm: Wir haben einen Traum gehabt, und keiner ist da, der ihn deuten kann! Joseph sprach zu ihnen: Kommen die Deutungen nicht von Gott? Erzählt es mir doch!
— 1. Mose 40,8

Joseph hatte die Salbung, Träume deuten zu können. Er hatte nicht nur selbst zwei Träume erhalten (1Mo 37,5–11), sondern deutet hier auch zwei Träume für den Mundschenk und den Bäcker. Im Prinzip sagt er: »Gott ist derjenige, der Geheimnisse offenbart, also erzählt mir eure Träume.«

Da erzählte der oberste Mundschenk dem Joseph seinen Traum und sprach: In meinem Traum, siehe, da war ein Weinstock vor mir, und an dem Weinstock waren drei Reben; und als er knospete, gingen die Blüten auf, und seine Trauben bekamen reife Beeren. Ich aber hatte den Becher des Pharao in der Hand, und ich nahm die Weintrauben und presste sie aus in den Becher des Pharao und reichte den Becher dem Pharao. Da sprach Joseph zu ihm: Dies ist die Deutung: Die drei Reben sind drei Tage. In drei Tagen wird der Pharao dein Haupt erheben und dich wieder in dein Amt einsetzen, sodass du dem Pharao den Becher reichen wirst, wie du es früher zu tun pflegtest, als du noch sein Mundschenk warst.
— 1. Mose 40,9–13

Ich finde das erstaunlich. Ich bin mir nicht sicher, ob ich aus diesem Traum so viel herausgelesen hätte wie Joseph, aber das war eben Gottes Salbung auf ihm. Joseph legte den Traum umgehend aus und bat dann:

Solltest du dann etwa an mich denken, wenn es dir gut geht, so erweise mir Barmherzigkeit und erwähne mich bei dem Pharao, und bringe mich aus diesem Haus heraus! Denn ich bin aus dem Land der Hebräer geraubt worden und habe auch hier gar nichts getan, weswegen man mich einsperren müsste! — 1. Mose 40,14–15

Dies ist die einzige Äußerung, die sich dahingehend interpretieren ließe, dass Joseph seine Situation beklagte. Joseph bat im Grunde aber nur darum, dass der Mundschenk ihn nicht vergäße, wenn er seine Stellung wiederbekäme, und beim Pharao ein gutes Wort für ihn einlege. Ich halte dies nicht für einen zwangsläufigen Hinweis darauf, dass Joseph verbittert oder verletzt war, denn das stünde völlig konträr zu seinem sonstigen Leben. Es zeigt aber, dass er vorhatte, von dort wegzukommen. Er hatte sich nicht damit abgefunden, für den Rest seines Lebens im Gefängnis zu bleiben. Er blickte über diese Dinge hinaus und bat den Mundschenk, an ihn zu denken, wenn er wieder in seine Stellung zurückkehren würde.

Die Wahrheit nicht zurückhalten

Als nun der oberste Bäcker sah, dass Joseph eine gute Deutung gegeben hatte, sprach er zu ihm: Siehe, in meinem Traum trug ich drei Körbe mit Weißbrot auf meinem Kopf, und im obersten Korb war allerlei Backwerk, Speise für den Pharao; aber die Vögel fraßen es mir aus dem Korb, der auf meinem Kopf war. Da antwortete Joseph und sprach: Dies ist die Deutung: Die drei Körbe sind drei Tage. In drei Tagen wird der Pharao dein Haupt erheben und wird dich ans Holz

hängen lassen, dass die Vögel dein Fleisch fressen werden!
— 1. Mose 40,16–19

Da die Auslegung des Traums, den der Mundschenk hatte, auf einen guten Ausgang hindeutete, beschloss der Bäcker, auch von seinem Traum zu erzählen. Doch er bekam etwas Entsetzliches zu hören. In drei Tagen sollte dem Bäcker der Kopf abgeschlagen und sein Körper an einen Pfahl gehängt werden, damit die Vögel sein Fleisch fressen könnten.

Auch dies sagt viel über Joseph aus und über das in ihm vorhandene Maß an Integrität. Es gibt heute viele Prediger, die so ziemlich alles sagen würden, solange es den Leuten die Ohren kitzelt und sie positiv reagieren lässt. Joseph diente den Menschen und hatte den Wunsch, ein Segen zu sein. Gleichzeitig diente er Gott aber noch viel mehr. Was auch immer Gott sagte, würde Joseph exakt so wiedergeben.

Viele Prediger heutzutage sind nicht bereit, sich hinzustellen und die Wahrheit zu verkünden und den Menschen zu sagen, dass ein Leben in Sünde dem Teufel Tür und Tor öffnet. Der Teufel kommt nur, um zu stehlen, zu töten und zu zerstören (Joh 10,10). Weil so mancher Pastor jedoch meint, dass er die Leute damit vergraulen könnte, will er die Wahrheit nicht verkünden. Joseph hätte so denken können, stattdessen war er jedoch mutig genug, das auszusprechen, was Gott ihm offenbart hatte.

Ich hatte einen Freund, der das, was er bei seinen Predigten zu sagen hatte, ziemlich auffällig bekundete. Er schrie, brüllte, spuckte Leute an und tat allerlei andere Dinge. (Im Vergleich dazu bin ich wirklich zahm!) Einmal diente er in Russland und rief: »Preist den Herrn!« Sein Dolmetscher aber sagte nur ganz ruhig: »Slava bogu.« Also rief dieser Prediger noch einmal: »Preist den Herrn!«, und der Dolmetscher sagte wieder nur völlig emotionslos: »Slava bogu.«

Schließlich wandte sich dieser Prediger zu seinem Dolmetscher und sagte: »Du sollst für mich dolmetschen! Sag es so, wie ich es sage!« Kaum hatte er das zu dem Dolmetscher gesagt, sprach der Herr zu dem Prediger und sagte ihm: »Eigentlich bist du derjenige, der für *mich* dolmetscht. Du sollst nicht sagen, was du sagen willst, sondern du sollst von mir hören und den Menschen sagen, was *ich* sage.«

Joseph war keiner, der es den Menschen mit allen Mitteln recht machen wollte. Er hörte auf Gott. Daraus können wir eine Lektion lernen. Es gibt heute eine Menge Diener Gottes, die nicht bereit wären, zu gehorchen, wenn Gott ihnen etwas zeigen und sie auffordern würde, jemanden zurechtzuweisen. Ihr Dienst zielt nur darauf ab, dass sich alle gut fühlen. Doch wir sollen nicht unsere eigene Interpretation der Dinge vortragen. Wir sollen nicht in unserem eigenen Namen sprechen. Wir sind da, um von Gott Empfangenes weiterzugeben. Ich versichere dir, dass es in unserer heutigen Gesellschaft Dinge gibt, gegen die wir uns deutlich aussprechen müssen.

Der Herr sagt mit allem Nachdruck: »Der Dieb (Satan) kommt nur, um zu stehlen, zu töten und zu verderben« (Joh 10,10), und: »Wisst ihr nicht: Wem ihr euch als Sklaven hingebt, um ihm zu gehorchen, dessen Sklaven seid ihr und müsst ihm gehorchen, es sei der Sünde zum Tode, oder dem Gehorsam zur Gerechtigkeit?« (Röm 6,16). Dennoch gibt es viele Prediger, die solche Dinge heute nicht mehr sagen wollen. Sie legen das Wort so aus, wie sie es für passend halten. Anstatt die Wahrheit zu sagen, erzählen sie das, was ihrer Meinung die Menschen anzieht und sie dazu bringt, Geld zu geben. Doch es ist die Wahrheit, die die Menschen frei macht (Joh 8,32).

Joseph ehrte also Gott, indem er die Wahrheit sagte, auch wenn es so schien, als richtete sie sich gegen die angesprochene Person. Joseph war ein treuer Mensch.

Trotzdem weiter standhaft bleiben

Und den obersten Mundschenk setzte er wieder ein in sein Amt, sodass er dem Pharao den Becher reichen durfte; aber den obersten Bäcker ließ er hängen – so wie Joseph es ihnen gedeutet hatte. Aber der oberste Mundschenk dachte nicht an Joseph, sondern vergaß ihn. — 1. Mose 40,21–23

Das ist absolut übernatürlich! Joseph hatte nicht einfach allgemeingültige Dinge prophezeit. Was er sagte, war sehr spezifisch. Die Auslegungen mussten entweder ganz von Gott stammen oder Joseph hätte völlig daneben liegen müssen – doch sie waren eindeutig von Gott.

Man sollte meinen, dass sich ein Typ nach einer solchen Erfahrung daran erinnern würde, wer Joseph war und was er getan hatte. Der Mundschenk war im Gefängnis gewesen und hätte durchaus dort bleiben können, bis er verrottet wäre. Doch Joseph deutete seinen Traum und der Mann wurde tatsächlich zurück auf seinen alten Posten versetzt. Es geschah genau so, wie Joseph gesagt hatte, dennoch vergaß der oberste Mundschenk ihn einfach. Es deutet nichts darauf hin, dass er Angst gehabt hätte, Joseph zu erwähnen oder dass er befürchtete, es könne nicht gut ankommen. Laut Bibel vergaß er Joseph einfach gänzlich. Was dieser getan hatte, wurde überhaupt nicht gewürdigt.

Immer wieder kommt es vor, dass wir für jemanden etwas tun und derjenige es nicht zu schätzen weiß. Die meisten Menschen bemitleiden sich in so einem Fall und denken darüber nach, wie schlecht doch alles ist. Joseph hingegen hielt es nicht davon ab, weiter dem Herrn zu folgen. Zwei Jahre lang blieb Joseph vergessen. Er hatte die Ablehnung seiner Brüder ertragen, war in die Sklaverei verkauft worden, war fälschlich beschuldigt und ins Gefängnis geworfen worden. Was wäre, wenn dir all diese Dinge passiert wären, du aber jemandem geholfen hättest und man dich dann einfach vergessen hätte? Die meisten Menschen hätten das nicht überstanden, aber Joseph ließ sich trotz all dieser Dinge nicht unterkriegen.

In 1. Mose 41 werden wir Zeuge, wie Joseph schließlich befördert wird. Doch das geschah erst dreizehn Jahre nach seinen ursprünglichen Träumen. Dreizehn Jahre lang lief also alles in Josephs Leben in die falsche Richtung. Manche Menschen halten es keine dreizehn Wochen und nicht einmal dreizehn Tage aus. Joseph musste dreizehn Jahre lang durchhalten, ohne dass sich auch nur eine positive Sache ereignet hätte, und dennoch blieb er standhaft. Wenn Joseph das tun konnte, ohne wiedergeboren zu sein, ohne die Taufe des Heiligen Geistes, dann sollten wir zu nicht weniger in der Lage sein.

KAPITEL 7

Mach weiter und gib nicht auf

Es geschah aber nach zwei Jahren, da hatte der Pharao einen Traum. — 1. Mose 41,1

Der Mundschenk hatte auf seinen Traum hin eine gute Nachricht von Joseph erhalten, war wie von diesem vorhergesagt wieder in seine Stellung im Dienst des Pharaos eingesetzt worden und dennoch dachte er nicht mehr an Joseph. Joseph hatte ihn sogar noch gebeten: »Denk an mich, wenn du vor den Pharao kommst, und sag ihm, dass ich zu Unrecht hierhergebracht wurde«, doch der Mundschenk dachte einfach zwei Jahre lang überhaupt nicht mehr an ihn oder seine Bitte. Nicht aus Angst brachte er es nicht zur Sprache, er hatte Joseph einfach komplett vergessen. Joseph zeigt uns hier allerdings eine Sache ganz deutlich: Es ist erst dann wirklich vorbei, wenn es vorbei ist. Seine Geschichte war noch nicht zu Ende, und er blieb treu, anstatt zu verbittern.

Der Heilige Geist hat diese Wahrheiten über Joseph benutzt, um mich zu ermutigen, und ich preise Gott, dass ich das, wozu er mich berufen hat, nicht aufgegeben habe. In den ersten zehn Jahren meines Dienstes gab es nur wenig Anzeichen dafür, dass Gottes Segen darauf ruhte. In meinem Herzen hatte ich das Empfinden, von Gott gesalbt und gesegnet zu sein, aber im Natürlichen hatte es kaum Auswirkungen.

Ganz zu Anfang meines Dienstes nahm ich an einer Konferenz in der Calvary Cathedral in Fort Worth, Texas, teil, wo Bob Nichols

Pastor war. Ich schätze Pastor Bob sehr. Wir sind heute sehr gut befreundet. Zum damaligen Zeitpunkt hatte ich ihn jedoch erst ein einziges Mal getroffen, und das war keine gute Erfahrung gewesen. Es war der einzige Kontakt, den ich mit Pastor Bob bis zu jenem Konferenzbesuch in seiner Kirche gehabt hatte. Ich war mir sicher, sollte er je nochmal meinen Namen hören, würde er sich wahrscheinlich umdrehen und schnell in die andere Richtung laufen.

Alle namhaften Prediger der damaligen Zeit waren dort, und sie gaben einander prophetische Worte und bekamen alle möglichen fantastischen Mitteilungen vom Herrn. Ich weiß noch, wie ich in diesem riesigen Saal voller Menschen saß, genau in der Mitte meiner Reihe, etwa zehn Sitze vom Gang entfernt. Ich kam mir so klein und unbedeutend vor. Während des Lobpreises wurden wir aufgefordert, umherzugehen und jemanden zu begrüßen, aber die ganze Zeit über dachte ich nur: *Gott, ich brauche Hilfe. Ich brauche jemanden, der mich ermutigt.*

Genau in diesem Moment entdeckte mich Pastor Bob irgendwie in einer Menge von zweitausend Menschen. Er verließ die Bühne und lief nach hinten zu mir, wo ich mitten in meiner Reihe stand. Pastor Bob zwängte sich, Entschuldigungen ausrufend, an all den Menschen vorbei und schloss mich einfach in die Arme. Es war auch nicht bloß eine dieser netten charismatischen Umarmungen. Er schlang vielmehr seine Arme fest um mich und ließ mich nicht mehr los. Und dann sagte Pastor Bob: »Bruder, ich liebe dich und Gott liebt dich. Gib nicht auf! Halte durch!« Er hielt mich einfach fest umschlungen und redete mit mir. Dann ging er zurück nach vorn.

Das ermutigte mich. Es hat mich gesegnet, dass dieser allseits bekannte Mann, der diese große Konferenz veranstaltete, mich aus allen herausgepickt hatte. Das hätte er nicht tun müssen. Ich habe es als Ausdruck der Liebe Gottes verstanden und es hat mir wirklich geholfen. Er sah in mir etwas, das nur Gott sehen konnte. Ich hatte diese Vision, die ganze Welt mit dem Evangelium zu berühren, aber hier fühlte ich mich klein und unbedeutend. Was Pastor Bob tat, setzte mich in Brand und befähigte mich, an dieser Vision festzuhalten.

Heute, all diese Jahre später, tragen wir das Evangelium durch unseren Fernsehdienst und das *Charis Bible College* weiter und tiefer in die Welt hinein als je zuvor. Wir haben Schulen rund um den Globus und Milliarden von Menschen können unser Programm jederzeit empfangen. Tatsächlich hat Pastor Bob treu in meinem Vorstand gedient und konnte von der ersten Reihe aus verfolgen, was Gott durch diesen Dienst tut. Das ist einfach fantastisch!

Einer der Gründe, warum ich all die Jahre durchgehalten habe, war das Beispiel von Joseph. Ich sah, dass Joseph eine Vision hatte. Er hat durchgehalten und nicht aufgegeben. Sein Beispiel hat mich am Laufen gehalten, und ich danke dem Herrn, dass ich die Vision, die Gott für mich hatte, nicht aufgegeben habe.

Von Gott kommende Träume auslegen

Es geschah aber nach zwei Jahren, da hatte der Pharao einen Traum, und siehe, er stand am Nil. Und siehe, aus dem Nil stiegen sieben schöne und wohlgenährte Kühe herauf, die im Nilgras weideten. Und siehe, nach diesen stiegen sieben andere Kühe aus dem Nil herauf, von hässlicher Gestalt und magerem Leib; die traten neben jene Kühe am Ufer des Nils. Und die sieben hässlichen, mageren Kühe fraßen die sieben schönen, wohlgenährten Kühe. Da erwachte der Pharao. Er schlief aber wieder ein und träumte zum zweiten Mal, und siehe, da wuchsen sieben Ähren auf einem einzigen Halm, die waren voll und gut; und siehe, nach diesen, da sprossten sieben Ähren, die waren dünn und vom Ostwind versengt. Und die dünnen Ähren verschlangen die sieben schweren und vollen Ähren. Da erwachte der Pharao, und siehe, es war ein Traum! — 1. Mose 41,1–7

Der Pharao wusste im Geiste, dass diese Träume eine Bedeutung hatten, aber sein Verstand konnte sie nicht entschlüsseln. Dies veranschaulicht, wie wir durch unseren Geist Dinge wissen können, die für unseren Verstand keinen Sinn ergeben. Der Pharao wusste, dass diese Träume übernatürlich waren und dass etwas zu ihm gesprochen wurde. Genau wie bei den Träumen des Mundschenks und des Bäckers in 1. Mose 40 benutzte Gott natürliche Mittel, um übernatürliche Offenbarungen zu geben.

Und es geschah am Morgen, da war sein Geist beunruhigt. Und er sandte hin und ließ alle Wahrsager Ägyptens rufen und alle seine Weisen. Und der Pharao erzählte ihnen seinen Traum; aber da war keiner, der ihn dem Pharao deuten konnte. — 1. Mose 41,8

Der Pharao suchte nach einer Deutung seiner Träume. Er wusste, dass diese Träume bedeutsam waren, aber er wusste nicht, wie er sie interpretieren sollte. Also rief er alle Weisen und Magier herbei, aber niemand an seinem Hof konnte sie auslegen.

Genauso wie der Herr blinde Augen sehend machen kann, kann er auch sehende Augen und Herzen blind machen. Die Weisen des Pharaos, die falschen Göttern folgten, konnten den Traum nicht deuten, der ihm von dem einen wahren, lebendigen Gott gegeben worden war. Joseph war, wie wir gesehen haben, gesalbt, Träume zu deuten, und er hatte Vertrauen in Gott, trotz allem, was im Natürlichen dagegensprach. Er hatte zwei Träume von Gott erhalten, die ihm zeigten, dass sich seine Familie eines Tages vor ihm verbeugen würde (1Mo 37,1–5), und er deutete auch die Träume von dem Mundschenk und dem Bäcker des Pharaos richtig (1Mo 40,5–22). Gott sorgte auf übernatürliche Weise dafür, dass nur Joseph in der Lage war, die Träume des Pharaos zu deuten. Das alles war vom Herrn so geplant.

Überwinde die Meinung anderer

> *Da sprach der oberste Mundschenk zum Pharao: Ich erinnere mich heute an meine Sünden! Als der Pharao zornig war über seine Knechte und mich in Haft setzte im Haus des Obersten der Leibwache, mich und den obersten Bäcker, da hatten wir in ein und derselben Nacht einen Traum, er und ich; jeder hatte einen Traum von besonderer Bedeutung. Und dort war ein hebräischer junger Mann bei uns, ein Knecht des Obersten der Leibwache; dem erzählten wir es, und er deutete unsere Träume; jedem deutete er seinen Traum besonders. Und so, wie er es uns deutete, so ist es gekommen: Mich hat man wieder in mein Amt eingesetzt, und ihn hat man gehängt! — 1. Mose 41,9–13*

Hier spricht der Mann, der im Gefängnis gesessen hatte und sich von Joseph seinen Traum deuten ließ. Zwei Jahre, nachdem der Traum in Erfüllung gegangen war, erinnerte er sich nun endlich wieder an Joseph. Der Pharao suchte nach einer Deutung seiner Träume und der Mundschenk sagte ihm, dass es jemanden gebe, der dazu in der Lage sei – doch der sei ein Hebräer.

Es gibt eine Reihe von Bibelstellen, die zeigen, wie verhasst die Hebräer den Ägyptern waren (1Mo 43,32 und 46,33–34; 2Mo 1,12–14 und 8,25–26; Ps 105,23–25). Später, als Joseph seinen Vater und seine Brüder nach Ägypten holte, ließen diese sich im Land Gosen nieder, weil die Hebräer Hirten waren (1Mo 46,28–34) – sie galten als minderwertig. Es herrschten Vorurteile gegen sie und sie durften nicht unter den Ägyptern wohnen.

> *Da sandte der Pharao hin und ließ Joseph rufen. Und sie entließen ihn schnell aus dem Loch. Er aber ließ sich scheren und wechselte seine Kleider und ging zum Pharao hinein.*
> *— 1. Mose 41,14*

Der Pharao ließ nach jemandem rufen, der in einem Verlies saß und vom ägyptischen Volk verachtet wurde – jemand, der ein Gefangener war und dazu noch ein Hebräer. Die meisten Menschen im Gefängnis sind deshalb dort, weil sie etwas verbrochen haben. Zudem hatten die Ägypter ganz allgemein etwas gegen Hebräer. Und doch war der Pharao – der sich an niemanden sonst wenden konnte – bereit, eine Person zu rufen, die von den Ägyptern verachtet und mit Vorurteilen behaftet war und im Gefängnis saß.

Ich finde es erstaunlich, dass der wichtigste Mann der stärksten Nation der damaligen Welt sich dazu herabließ, eine Person in Josephs Lage um Hilfe zu bitten. Ich glaube, dass es Gottes Einfluss zuzuschreiben ist, denn so etwas würde unter normalen Umständen nicht einfach so passieren.

Es spielt keine Rolle, was andere Leute über dich sagen. Es spielt keine Rolle, was die Umstände über dich aussagen. Es kommt darauf an, was du in deinem Herzen denkst. Joseph hatte eine Vision für sein Leben. Deshalb ließ er sich nicht entmutigen, als er in die Sklaverei verkauft wurde (1Mo 37,26–28), und wehrte sich auch nicht, als er von Potiphars Frau zu Unrecht beschuldigt und deshalb ins Gefängnis geworfen wurde (1Mo 39,7–20). Er diente einfach weiter mit Vortrefflichkeit, weil er wusste, dass Sklaverei und Gefängnis nicht das Ende seiner Geschichte sein würden. Er vertraute auf Gott.

Erkenne Autorität an

Dass Joseph sich rasierte und seine Kleidung wechselte, mag wie eine Nebensächlichkeit erscheinen, ich finde jedoch, es zeugt von Josephs hervorragendem Charakter. Die Ägypter waren glattrasiert, also passte sich Joseph dem an, bevor er vor den Pharao trat. Mit anderen Worten: Er beachtete den Dresscode für Erfolg. Ich finde zwar nicht, dass Anzug und Krawatte ein unerlässliches Muss sind, gleichzeitig bin ich aber der Ansicht, dass unsere Gesellschaft insgesamt einfach zu nachlässig geworden ist.

Einmal kam ein Mann in unser Büro, als ich gerade umherging und meine Mitarbeiter begrüßte. Er trug ein altes, ausgeleiertes T-Shirt, dazu Shorts und Flip-Flops. Sein Haar war ungekämmt und er roch schlecht. Er sah aus wie ein Penner von der Straße. Als er an mir vorbeilief, grüßte ich ihn und beobachtete dann, wie er zum Büro meines IT-Mitarbeiters ging. Später am Tag fragte ich diesen Mitarbeiter, aus welchem Grund der Mann ihn aufgesucht habe, und erfuhr, dass er sich um eine Stelle beworben hatte. Ich sagte darauf: »Stell ihn bloß nicht ein!« Er versuchte, mir von den Qualifikationen dieses Mannes zu erzählen, doch ich sagte nur: »Seine Qualifikationen sind mir völlig egal. Ich will nicht, dass so jemand hier arbeitet. Wenn er schon bei der Arbeitssuche so auftritt, wie wird er dann erst sein, wenn wir ihn eingestellt haben?«

Manch ein Leser wird jetzt vielleicht denken: *Das ist voreingenommen! Du hast eine Person aufgrund ihres Erscheinungsbildes beurteilt.* Nun, bis zu einem gewissen Grad habe ich das getan. Das Erscheinungsbild einer Person spiegelt ihre Persönlichkeit wider. Es ist kein perfektes Spiegelbild, aber es sagt etwas über die Einstellung einer Person aus.

Vor Jahren ließ sich mein jüngster Sohn die Nase, die Ohren, die Augenbrauen und die Lippen piercen – und es gefiel mir ganz und gar nicht. Ich habe ihn nicht kritisiert oder ablehnend behandelt, aber ich erklärte ihm: »Die Leute werden dich aufgrund deines Aussehens beurteilen.« Er war mit meiner Meinung nicht einverstanden, doch als er sich um einen Job bemühte, nahm er all diese Piercings heraus und änderte auch sonst einiges. Die Leute stellen dich nicht ein, wenn du so aussiehst, zumindest nicht für eine vernünftige Tätigkeit. Mit diesem Aussehen hätte er vielleicht einen Job als Nadelkissen bekommen, aber wenn er mehr als das haben wollte, musste er sich anpassen und die Erwartungen der Gesellschaft erfüllen.

Ich erzähle dir diese Dinge, weil ich damit aufzeigen will, dass Joseph das Amt des Pharaos respektierte und seine Erwartungen erfüllen wollte. Das spiegelt die Persönlichkeit Josephs wider. Er war ein Mensch mit beispielhaftem Charakter.

In Daniel 6,3 dachte Darius daran, Daniel über das gesamte Königreich zu setzen, weil dieser einen vortrefflichen Geist hatte. Hervorragende Leistungen werden von den Menschen wahrgenommen. Man kann übers Ziel hinausschießen, indem man ein Perfektionist ist und andere ständig kritisiert, wenn nicht alles genau so ist, wie man es erwartet. Das meine ich damit nicht. Vielmehr geht es darum, sich bestmöglich zu präsentieren.

Einige von uns sehen attraktiver aus als andere. Man hat mir nie vorgeworfen, der bestaussehende Mensch zu sein, aber ich kann mir zumindest die Haare kämmen, die Zähne putzen und das Beste aus dem machen, was ich habe. Es gibt Menschen, denen es egal ist, wie sie sich kleiden oder wie sie aussehen. Das Erscheinungsbild einer Person sagt jedoch etwas über sie aus.

Als Joseph wusste, dass er vor den mächtigsten Mann der Welt treten würde, kleidete er sich entsprechend. Es ist eine Kleinigkeit, doch mit der Art und Weise, wie du auftrittst, vermittelst du ein Bild – nicht nur durch deine Kleidung, sondern auch durch deine Haltung.

In Sprüche 31,25–26 ist die Rede von der tugendhaften Frau, die sich mit Weisheit schmückt. Es gibt Frauen, die sich niemals aus dem Haus trauen würden, wenn ihr Haar nicht gestylt ist, wenn sie kein Make-up tragen oder wenn sie keinen Schmuck angelegt haben. Mit einer schlechten Einstellung gehen sie jedoch bedenkenlos aus dem Haus, und das ist viel schlimmer, als die falsche Kleidung zu tragen. Hier geht es also nicht bloß um die Kleidung, die man trägt, sondern um das gesamte Bild und die Außenwirkung einer Person

Ich habe mal einen Film gesehen, in dem es einige Szenen gab, in denen die Menschen traurig waren; dadurch wirkten sie geradezu unansehnlich. Doch dann fingen sie an zu lachen und zu strahlen, und das veränderte alles. Ich sage dir, ein Lächeln steht jedem gut. Wenn du anderen Menschen dienst, solltest du ab und zu lächeln. Du solltest dir Mühe geben, etwas zu tun, das situationsverändernd wirkt und Menschen aufbaut. Kleinigkeiten, die mitunter eine große Wirkung haben, bestimmen dein Auftreten.

J. C. Penney gründete die Kaufhauskette, die seinen Namen trägt. Es wird erzählt, dass er bei der Besetzung von Führungspositionen die betreffende Person zum Essen einlud und sie beobachtete. Wenn die Person das servierte Gericht nachsalzte, bevor sie es gekostet hatte, stellte er sie nicht ein. Ihm zeigte dies nämlich, dass diese

Person ein reines Gewohnheitstier war. Sie kostete das Essen nicht erst, um zu sehen, ob es bereits ausreichend gesalzen und gewürzt war. Sie tat die Dinge einfach aus Gewohnheit. J. C. Penney wollte Mitarbeiter, die nachdenken und auf Situationen flexibel reagieren konnten, anstatt nur das zu tun, was sie immer taten. Manche mögen das nicht fair finden, aber er baute eine der weltweit größten Einzelhandelsketten auf. Und das war möglich, weil er auch auf die kleinen Dinge achtete.

Wenn du wirklich erfolgreich sein willst, kannst du nicht einfach warten, bis etwas Großes deinen Weg kreuzt, und diese Sache dann auf Anhieb richtig machen. Du musst schon bei den kleinen Dingen anfangen, das Richtige zu tun. Du musst zuerst im Kleinen treu sein, bevor dir die großen Dinge anvertraut werden. Ich halte das für eine wichtige Erkenntnis.

Joseph marschierte nicht einfach in seinen zerlumpten Gefängnisklamotten in den Palast des Pharaos. Er zog ordentliche Kleidung an und rasierte sich sorgfältig, bevor er vor den Pharao trat. Das sagt einiges aus. Er präsentierte sich in hervorragender Weise, weil er an dieser Vision von Gott festhielt, wonach er nicht für immer ein Sklave und Gefangener sein würde. Das zeigt: Wenn du auf Gott vertraust, wirst du gewinnen, solange du nur nicht aufgibst.

KAPITEL 8

Werde brauchbar

Und der Pharao sprach zu Joseph: Ich habe einen Traum gehabt, aber es kann ihn niemand deuten; nun habe ich über dich vernommen, dass du einen Traum zu deuten vermagst, wenn du ihn hörst. Joseph antwortete dem Pharao und sprach: Das steht nicht bei mir. Gott wird verkündigen, was dem Pharao zum Wohl dient! — 1. Mose 41,15–16

Einer der Gründe, warum Gott Joseph gebrauchte und ihn begünstigte, liegt darin, dass Joseph den Ruhm nicht für sich beanspruchte, sondern Gott die Ehre gab. Er lenkte die Aufmerksamkeit des Pharaos nicht auf sich selbst, sondern auf Gott.

In Jesaja 42,8 heißt es: »Ich will meine Ehre keinem anderen geben.« In den vorausgehenden Versen ist von Jesus, dem Messias, die Rede; und Gott, der Vater, sagte: »Ich werde meine Ehre niemandem außer Jesus geben.« In dem Moment, in dem du versuchst, die Lorbeeren selbst zu ernten und den Ruhm für das einzuheimsen, was Gott durch dich tut, wird der Fluss der Kraft Gottes und seiner Salbung unterbrochen.

Ich halte das für einen der Gründe, weshalb es von dem Zeitpunkt an, als Gott Joseph diese Träume gab, noch dreizehn Jahre dauerte, bis dieser vor den Pharao trat. Man kommt nicht von heute auf morgen an den Punkt, Gott den Vorrang vor sich selbst zu geben. Man erreicht nicht über Nacht einen Zustand der Demut und Unterordnung, wie er hier erkennbar ist. Das liegt nicht in der menschlichen Natur.

Zu Beginn meines Dienstes betete ich stundenlang: »O Gott, bitte gebrauche mich!« Dann aber sprach der Herr eines Tages zu mir und sagte: »Der Grund, warum ich dich nicht gebrauche, liegt darin, dass du nicht brauchbar bist. Hör auf zu beten: ›Gott, gebrauche mich‹, und bete stattdessen: ›Gott, mach mich brauchbar.‹« Und das habe ich dann getan.

Es hat Jahre gedauert, aber Gott hat mich gesegnet und Türen geöffnet. Wir erreichen über das Fernsehen täglich potentiell mehr als fünf Milliarden Menschen. Wir erreichen Menschen auf der ganzen Welt, aber es hat eine Zeit lang gedauert, bis wir so weit waren. Wenn Gott mir vor dreißig, vierzig oder fünfzig Jahren die Verantwortung übertragen und die Möglichkeiten gegeben hätte, die ich jetzt habe, hätte ich die ganze Sache in den Sand gesetzt.

Kurz nach meiner Ankunft in Vietnam, wo ich als Soldat diente, las ich beim Studium der Bibel das Gleichnis vom Senfkorn.

> *Und er sprach: Womit sollen wir das Reich Gottes vergleichen, oder durch was für ein Gleichnis sollen wir es [euch] darlegen? Es ist einem Senfkorn gleich, das, wenn es in die Erde gesät wird, das kleinste ist unter allen Samen auf Erden. Und wenn es gesät ist, geht es auf und wird größer als alle Gartengewächse und treibt große Zweige, sodass die Vögel des Himmels unter seinem Schatten nisten können.*
> *— Markus 4,30–32*

Ich erkannte, dass der Herr in diesem Gleichnis über Wachstum sprach und das Reich Gottes mit einem riesigen Baum verglich, der sich ausbreitete, sodass die Vögel des Himmels sich auf ihm niederlassen konnten. Jesus sagte, dass Gott einen Samen in unser

Herz sät, der dann wächst. Wenn er Frucht zu tragen beginnt, werden wir brauchbar und fangen an, anderen Menschen zu dienen, wodurch deren Leben verändert wird.

Als ich dies las, betete ich: »Gott, das ist es, was ich will. Ich möchte, dass du mein Leben berührst und mich gebrauchst, damit ich Menschen auf der ganzen Welt berühren kann.« Ich hatte damals keine Vorstellung davon, dass ich durch die Fernseharbeit und das *Charis Bible College* Millionen von Menschen auf der ganzen Welt berühren würde, aber ich hatte schon damals den Wunsch danach. Also betete ich einfach: »Gott, ich möchte dieser riesige Baum sein, der sich ausstreckt, um Menschen zu berühren und sie zu segnen.«

Und der Herr sprach zu mir und sagte: »Würde ich heute dein Gebet erhören und dir diesen weltweiten Dienst geben, den du dir wünschst, würde gleich der erste Vogel, der auf einem deiner Äste landete, das ganze Ding zum Umstürzen bringen, denn deine Wurzeln reichen nur etwa zwei Zentimeter tief.« Ich wollte gebraucht werden, aber ich war einfach noch nicht brauchbar. Ich musste in den kleinen Dingen, mit denen ich betraut wurde, treu sein, mich in Gottes Wort verwurzeln und weiter wachsen.

Es braucht Zeit, um zu reifen und an einen Punkt zu gelangen, an dem man Gott die Ehre geben kann, und genau deshalb liegt in dem, was Joseph sagt, eine echte Offenbarung: »Das steht nicht bei mir. Gott wird verkündigen, was dem Pharao zum Wohl dient!« (1Mo 41,16). Joseph hatte Demut und Unterordnung gelernt. Er hatte gelernt, Gott die Ehre zu geben. Er hatte gelernt, dass alles, was an ihm gut war, von Gott kam.

Ich sage dir, der wahre Grund, warum manche Leute nicht aus der Grube in den Palast aufgestiegen sind, ist der, dass Gott sie nicht mit einer solchen Stellung betrauen kann. Erfolg ist eine noch viel größere Versuchung als es die Bedrängnis ist. Das klingt für viele Menschen nicht überzeugend, und dennoch stimmt es.

Wenn du dich auch nur im Geringsten zum Herrn bekennst, was kannst du in einer verzweifelten Situation anderes tun, als Gott zu vertrauen? Es ist eine Sache, zu sagen, dass Joseph weiterhin auf Gott vertraute, als er in die Sklaverei verkauft wurde, aber welche sonstigen Möglichkeiten hatte er andererseits? Als er von einem reichen Kind, dem Lieblingssohn seines Vaters, zu einem Sklaven in einem fremden Land wurde, welche andere Hoffnung blieb ihm da noch? Als Joseph ins Gefängnis gesteckt wurde und es so aussah, als gäbe es nur einen Weg aus dem Gefängnis hinaus, und zwar mit den Füßen voran, was konnte er da noch tun? Joseph musste sich an Gott klammern.

Sobald man aber in eine verantwortungsvolle Position aufsteigt, ist man eher versucht zu denken: *Jetzt, da alles in meinem Leben gut läuft, muss ich nicht mehr auf Gott vertrauen.* Es sind schon mehr Menschen durch Wohlstand zerstört worden als jemals durch Not. Ich weiß, dass es Menschen gibt, die dem nicht zustimmen, und das ist ihr gutes Recht, aber ich werde nicht mit ihnen übereinstimmen, sonst wären wir beide im Unrecht. Ich sage dir, es stimmt! Man muss demütig werden, um brauchbar zu sein.

Bereite dich auf den richtigen Moment vor

Da sprach der Pharao zu Joseph: Siehe, in meinem Traum stand ich am Ufer des Nils; und siehe, da stiegen aus dem Nil sieben wohlgenährte Kühe von schöner Gestalt herauf, die im Nilgras weideten. Und siehe, nach ihnen stiegen sieben andere Kühe herauf, dürftig und von sehr hässlicher Gestalt und magerem Leib; im ganzen Land Ägypten habe ich keine so hässlichen gesehen. Und diese mageren, hässlichen Kühe fraßen die sieben ersten, wohlgenährten Kühe. Als sie aber diese verschlungen hatten, merkte man nichts davon; denn sie waren so hässlich wie zuvor. Da erwachte ich. Und ich sah [weiter] in meinem Traum, und siehe, sieben volle und gute Ähren wuchsen auf an einem einzigen Halm. Und siehe, nach ihnen sprossten sieben dürre Ähren hervor, mager und vom Ostwind versengt; und die mageren Ähren verschlangen die sieben guten Ähren. Und ich habe es den Wahrsagern erzählt, aber keiner kann es mir erklären! — 1. Mose 41,17–24

Als der Pharao Joseph den Traum erzählte, fügte er noch etwas hinzu, indem er sagte, er habe noch nie so miserabel aussehende Kühe wie diese gesehen. Beim ersten Mal, als er seinen Mitarbeitern von seinen Träumen erzählt hatte, war davon noch keine Rede gewesen, doch als der Pharao nun mit Joseph sprach, erklärte er, dass dies das schlimmste Vieh war, das er je gesehen hatte. Die Welt übertreibt gerne und malt die schlimmsten Szenarien aus, weil schlechte Nachrichten die Aufmerksamkeit der Menschen erregen. Es war klar, dass dies etwas war, das den Pharao wirklich beunruhigte, und er wollte auf der Stelle Antworten; er setzte Joseph gewissermaßen unter Druck.

Einer der Gründe, warum Menschen unter Druck einknicken, ist ihre Gewohnheit, bis zu den »großen« Schwierigkeiten zu warten, bevor sie sich im Glauben an Gott wenden. Wenn sie nicht gelernt haben, Gott in den kleinen Dingen zu vertrauen, werden sie nicht in der Lage sein, ihm in den großen Dingen zu vertrauen.

Als David gegen Goliat zum Kampf antrat, wurde er aufgrund seiner Überzeugung, dass er gewinnen könne, von allen verspottet. Goliat war ein Riese, der Held der Philister (1Sam 17,4), und David war bloß ein Junge. David sagte jedoch etwas wirklich Wichtiges:

David aber sprach zu Saul: Dein Knecht hütete die Schafe seines Vaters; wenn nun ein Löwe oder ein Bär kam und ein Schaf von der Herde hinwegtrug, dann lief ich ihm nach und schlug ihn und entriss es seinem Rachen. Und wenn er sich gegen mich erhob, ergriff ich ihn bei seinem Bart und schlug ihn und tötete ihn. Sowohl den Löwen als auch den Bären hat dein Knecht erschlagen, und dieser Philister, dieser Unbeschnittene, soll wie einer von jenen sein; denn er hat die Schlachtreihen des lebendigen Gottes verhöhnt! Weiter sprach David: Der HERR, der mich von dem Löwen und Bären errettet hat, Er wird mich auch von diesem Philister erretten! Und Saul sprach zu David: Geh hin, und der HERR sei mit dir!
— 1. Samuel 17,34–37

David offenbarte, dass dies nicht das erste Mal war, dass er sich beim Sieg über etwas, das größer war als er selbst, auf Gott verließ. Bevor er Goliat gegenüberstand, hatte er einen Löwen und einen Bären mit bloßen Händen getötet. Er wusste, dass er Goliat mit Gottes Hilfe besiegen könnte.

Joseph hatte eine Vision von Gott, und der Herr hatte ihm in all den Jahren der Sklaverei und Gefangenschaft Gunst erwiesen. Obwohl es schien, als ginge es mit jedem Schritt, den er tat, bergab, vertraute Joseph weiter auf Gott.

Es gibt keinen Hinweis darauf, dass zwischen der Frage des Pharaos und Josephs Antwort eine gewisse Zeitspanne lag, aber Joseph musste auch gar nicht über seine Antwort nachdenken. Wie David hatte sich auch Joseph jahrelang auf seinen großen Moment vorbereitet. Er war auf Gott konzentriert und die Salbung war da.

Da sprach Joseph zum Pharao: Was der Pharao geträumt hat, bedeutet dasselbe: Gott hat den Pharao wissen lassen, was er tun will. — 1. Mose 41,25

Beständigkeit ist der Schlüssel

Wir alle hätten in einer Krisensituation gerne die Antwort und wüssten genau, was zu tun ist, dennoch ist es eine traurige Tatsache, dass die meisten Menschen sich erst dann an den Herrn wenden, wenn sie sich in besagter Krisensituation befinden. Joseph war dem Herrn dreizehn Jahre lang treu gewesen, und deshalb war sein Herz bereit und gerüstet. Alles bis zu diesem Zeitpunkt Geschehene war ein Crescendo gewesen – hin zu dem Höhepunkt, auf den sein Leben zusteuerte, und er war bereit.

Wirst du bereit sein, wenn Gott dir eine Gelegenheit eröffnet? Meist machen Menschen erst ernst, wenn sie in eine Krise geraten; dann verbringen sie Zeit mit Fasten und setzen ihre Hoffnung auf Gott. Doch das ist nicht die richtige Vorgehensweise. Es ist zwar immer noch besser, als sich gar nicht an Gott zu wenden, aber der richtige Weg ist, *ständig* und von ganzem Herzen nach Gott zu streben. Selbst wenn du dreizehn Jahre damit zubringen musst, wirst du im richtigen Moment alles haben, was du brauchst, um die Situation erfolgreich meistern zu können.

Das ist eine der Lektionen, die wir von Joseph lernen können. Er war beständig, und das machte ihn brauchbar. Dass Joseph sofort eine Antwort geben konnte, als der Pharao diese Träume erzählte, ist der Tatsache zu verdanken, dass er sich vorbereitet hatte. Vorbereitungszeit ist nie vergeudet. Das sagen wir unseren Studenten am *Charis Bible College* auch immer wieder. Viele von ihnen haben den Traum, loszuziehen und etwas zu unternehmen. Manche sind zum Vollzeitdienst berufen, andere sind dazu bestimmt, in die Wirtschaft oder Politik zu gehen oder etwas anderes zu tun, und sie alle haben einen Traum. Dann kommen sie zur Bibelschule und wissen manchmal die Zeit nicht zu schätzen, die sie dort verbringen. Sie wollen lieber gleich zu dem übergehen, wozu Gott sie berufen hat, aber wir sagen ihnen, dass Vorbereitungszeit niemals verschwendete Zeit ist.

Deshalb müssen die Erstsemester in meiner Klasse bei *Charis* während des Studienjahres einmal die gesamte Bibel durchlesen. Das macht sogar zwanzig Prozent ihrer Kursnote aus. Ich finde, dass Menschen, die auf die Bibelschule gehen, tatsächlich die Bibel lesen sollten, amen! Wir verlangen das unter anderem deshalb, weil sie Zeit damit verbringen müssen, sich in Gottes Wort zu verwurzeln.

Es ist wie in dem Gleichnis mit dem Senfkorn. Sie wollen ihre Zweige ausbreiten und die Welt mit Jesus erreichen, aber das erste bisschen Widrigkeit und Verfolgung, das ihnen begegnet, wird sie wie ein Windstoß umwerfen, wenn sie keine Zeit damit verbracht haben, im Wort Gottes Wurzeln zu fassen und in ihrer persönlichen Beziehung zu Gott zu wachsen. Du wirst effektiver sein, wenn du dein Herz auf den richtigen Zeitpunkt vorbereitest. Genau das hatte Joseph getan und hatte nun eine Antwort für den Pharao.

Das Wissen um kommende Dinge

Die sieben schönen Kühe sind sieben Jahre, und die sieben schönen Ähren sind auch sieben Jahre; es ist ein und derselbe Traum. Die sieben mageren und hässlichen Kühe, die nach jenen heraufkamen, sind sieben Jahre; ebenso die sieben leeren, vom Ostwind versengten Ähren; es werden sieben

Hungerjahre sein. Darum sagte ich zu dem Pharao: Gott hat den Pharao sehen lassen, was er tun will. — 1. Mose 41,26–28

Gott hat uns alle geschaffen, und der Heilige Geist wird uns zeigen, was auf uns zukommt (Joh 16,13). Ich glaube, dass vor dem Eintritt negativer Umstände in unser Leben, Gott uns diese zeigen und uns darauf vorbereiten wird, wenn wir mit ihm im Einklang stehen. Daran glaube ich wirklich. Das soll nicht heißen, dass Menschen niemals von schlimmen Ereignissen überrascht werden. So etwas passiert immer wieder. Das liegt allerdings daran, dass die Menschen nicht immer darauf eingestellt sind zu hören, was der Herr sagt.

Ich glaube, dass Gott uns gewisse Dinge zeigen will. Gott sorgt sogar vor, bevor ein Problem überhaupt entsteht. Gott sorgte für sieben Jahre des Überflusses, bevor die sieben Jahre der Hungersnot eintraten. Es kamen nicht erst die sieben Jahre der Hungersnot. Nein, Gott hat vorgesorgt, bevor das Problem auftrat.

Gott sorgt für uns, und alles, was wir brauchen, ist verfügbar; aber wir müssen sensibel genug sein, um es zu erkennen. Jedes Mal, wenn sich eine schwierige Situation entwickelt, muss man sich vor Augen halten, dass Gott nicht überrascht wurde. Er wusste, was kommen würde. Das heißt nicht, dass Gott es verursacht hat, aber er wusste, dass Probleme kommen würden. Wenn du an Krebs erkrankt bist, wusste Gott, dass das passieren würde. Wenn du mit ihm im Einklang stündest, wärst du gut gewappnet und bereit, damit fertig zu werden. Gott hat vorgebaut – er hat die Versorgung zur Verfügung gestellt, bevor der Bedarf überhaupt entstand.

Traurigerweise gehen sehr viele Menschen einfach durchs Leben und machen ihr eigenes Ding, ohne nach Gott zu fragen. Wenn sie eine Krebsdiagnose erhalten, bricht plötzlich ihre Welt zusammen. Das ist der Moment, in dem sie Gott mit ganzem

Herzen suchen. Es ist besser, Gott in einer Krisensituation zu suchen, als ihn überhaupt nicht zu suchen, doch wenn man ihn ständig im Fokus hat und sich im Herzen von ihm zurüsten lässt, kann man an einen Punkt gelangen, an dem solche Dinge keine große Sache mehr sind. Du kannst dann sagen: »Gott heilt Krebs, und sollte ich aus irgendeinem Grund nicht gesund werden, dann werde ich bei Jesus sein. Das wird fantastisch sein!« Du kannst dahin gelangen, dass dich nichts mehr überrascht und du keine Angst mehr vor schlechten Nachrichten hast, die in der Zukunft auf dich zukommen könnten.

Ich würde gerne glauben, dass alle Christen so sind, aber ich habe mit vielen Menschen zu tun und weiß, dass es nur selten der Fall ist. Die große Mehrheit der Christen wendet sich nur dann an Gott, wenn sie mit dem Rücken an der Wand stehen und sich in einer Krisensituation befinden. Und gerade das ist der Grund, warum sie so viele Krisensituationen erleben!

Ich sage dir, wir müssen wie Joseph sein, der sich von Gott leiten ließ und bereit war. Als die Zeit kam, war er der Aufgabe gewachsen, denn er hatte sich sein ganzes Leben lang darauf vorbereitet. Nichts wird Gott überraschen, und wenn du einfach mit ihm im Einklang bleibst, wird auch dich nichts überraschen.

Träume deuten

Siehe, es kommen sieben Jahre, da wird großer Überfluss herrschen im ganzen Land Ägypten. Aber nach ihnen werden sieben Hungerjahre eintreten, und all dieser Überfluss wird vergessen sein im Land Ägypten; und die Hungersnot wird das Land aufzehren, sodass man nichts mehr merken wird von dem Überfluss im Land wegen der Hungersnot, die danach kommt; denn sie wird sehr drückend sein. Dass aber der Pharao den Traum zweimal hatte, das bedeutet, dass die Sache bei Gott fest beschlossen ist und dass Gott es rasch ausführen wird. — 1. Mose 41,29–32

Joseph hatte zwei Träume gehabt (1Mo 37,5–11). Beide sagten dasselbe aus, aber es wurde durch zwei unterschiedliche Träume mitgeteilt. Joseph sagt dem Pharao, dass ein Traum, der sich wiederholt – also zwei gesonderte Träume, die dasselbe aussagen –, ein Zeichen dafür ist, dass die gezeigte Sache feststeht und nicht geändert werden kann.

Sicherlich gibt es Träume, die nichts mit Gott zu tun haben. Träume, in denen etwas Merkwürdiges geschieht (wie der von meinem Eintritt in die Luftwaffe, um die offenen Rechnungen meines Dienstes zu begleichen) und die nichts zu bedeuten haben. Doch dann gibt es eben auch die Träume, die von Gott kommen.

Manchmal geht es in einem von Gott kommenden Traum um etwas, das noch nicht feststeht, und Gott zeigt dir, was passieren wird, wenn du dich nicht änderst. Es könnte eine Warnung sein, die dir sagt, dass du in deinem Leben etwas verändern oder vermeiden musst, damit du das im Traum Beschriebene korrigieren kannst. Sobald sich aber ein von Gott gegebener Traum wiederholt und er inhaltlich vielleicht abgewandelt ist, aber dieselbe Bedeutung hat, dann heißt das, dass die Sache feststeht und nichts mehr daran zu ändern ist.

Dies ist ein wichtiger Bibelabschnitt, insbesondere für alle, die glauben, dass Gott durch Träume zu ihnen spricht. Wenn du Träume deuten willst, ist dies ein Schlüssel: Wenn sich ein Traum für dich wiederholt und dieselbe Botschaft in verschiedenen Träumen vermittelt wird, steht es fest und wird sich bald erfüllen! Doch dazu müssen die Träume von Gott sein.

KAPITEL 9

Kenne deine wahre Identität

Und nun möge der Pharao nach einem verständigen und weisen Mann sehen und ihn über das Land Ägypten setzen. Der Pharao möge handeln und Aufseher über das Land setzen; und er lasse in den sieben Jahren des Überflusses den fünften Teil [des Ertrages] erheben vom Land Ägypten. So soll man alle Nahrung dieser sieben künftigen guten Jahre sammeln und Getreide speichern zur Verfügung des Pharao, und diese Nahrung in den Städten aufbewahren. Und diese Nahrung soll dem Land als Vorrat dienen für die sieben Hungerjahre, die im Land Ägypten eintreten werden, damit das Land durch die Hungersnot nicht zugrunde geht!
— 1. Mose 41,33–36

Joseph spricht hier zum Pharao. Er hat die Träume gehört, die Deutung gegeben und dem Pharao gesagt, was dieser nun zu tun habe. Ich finde das erstaunlich! Hier spricht ein Mann, der als Gefangener mit dem mächtigsten Mann der Welt redet – ein Häftling, der dem Pharao sagt, wie dieser sich zu verhalten habe. Und nicht nur das, für die Ägypter war Joseph auch noch aus einem anderen Grund minderwertig. Sie hatten, wie wir bereits wissen, für Hebräer überhaupt nichts übrig! Doch hier ist er und sagt dem Pharao, was dieser zu tun habe.

Es ist erstaunlich, welche Gunst Gott dir schenkt, wenn du ihn von ganzem Herzen suchst. Gott war mit Joseph, und er hatte

Gunst in den Augen von Potiphar (1Mo 39,3–4) und dem Gefängnisaufseher (1Mo 39,21). Und dann hatte er Gunst vor dem Pharao, dem mächtigsten Mann der Welt. So etwas wäre auf natürliche Weise nicht möglich. Es spielte keine Rolle, dass er ein Gefangener war, und auch nicht, dass er Hebräer war, es zählte nur, dass er von Gott gesalbt war.

Ich kann nur sagen, dass wir solche Dinge unterschätzen. Ich glaube, wir verstehen sie manchmal nicht ganz. Wir betrachten die Dinge oft mit den Augen der Ungläubigen und sehen uns selbst als ein Nichts. Du musst dich jedoch als eine bemächtigte und gesalbte Person sehen, denn Gott ist mit dir.

Ein Freund von mir, Rich Van Winkle, hat ein Buch über Identität geschrieben mit dem Titel *As He Is ... So Are We* (zu Deutsch: So wie er ist ... sind auch wir). Auf dem Umschlag ist das Bild eines Mannes zu sehen, der sich im Spiegel betrachtet. Man sieht das Gesicht des Mannes von der Seite, sodass man erkennen kann, dass da ein Mensch steht, aber das Bild im Spiegel ist Jesus. Ich finde das großartig! So müssen wir uns sehen – nicht so, wie uns das natürliche Spiegelbild wiedergibt, sondern so, wie wir in Christus sind. Im Natürlichen mache ich vielleicht nicht viel her, aber in meinem Geist bin ich absolut großartig. Ich bin von Gott gesalbt, und du bist es auch! Du musst in der Lage sein, dich so zu sehen.

Joseph war ein Mann, der von den Ägyptern als minderwertig angesehen wurde und der kurz zuvor noch ein Gefängnisinsasse gewesen war, doch nun gab er dem Pharao Anweisungen, was jetzt zu tun war. Nur Gott konnte jemanden wie ihn befördern, und nur ein demütiger Mensch konnte diese Position einnehmen. Joseph befand sich in einer Lage, in der der Pharao, wenn Gott nicht eingriff und ihm den Rücken stärkte, großen Anstoß daran nehmen könnte, dass ein Gefangener ihm sagte, was er zu tun hatte. Der Pharao hätte zornig werden und Joseph töten lassen können.

Joseph riskierte sein Leben, aber er war zuversichtlich. Er wusste, dass Gott ihn berufen hatte. Er wusste, dass Gott ihn begünstigt hatte. Man muss sensibel genug für den Herrn sein, um eine Gelegenheit zu ergreifen, wenn sie sich bietet. Es gibt Menschen, die so zögerlich sind und so viel Angst haben, einen Fehler zu begehen, dass sie niemals so etwas tun würden wie Joseph. Aber Joseph vertraute auf seinen Gott und zog es durch, indem er dem mächtigsten Mann der Welt sagte, was zu tun war.

Mit Demut führen

Diese Rede gefiel dem Pharao und allen seinen Knechten gut.
— 1. Mose 41,37

Das wiederum sagt viel über den Pharao aus. Wir haben bereits erfahren, dass der Pharao an seinem eigenen Geburtstag ein Festmahl für alle seine Diener gab (1Mo 40,20). Das mag wie eine Kleinigkeit erscheinen, aber wie viele Herrscher veranstalten ein Festmahl für ihre Diener, um ihnen zu zeigen, dass sie wertgeschätzt werden? Ich denke, dass dies einen Einblick in die Persönlichkeit des Pharaos gibt – dass er nicht so arrogant war, wie man es von anderen Pharaonen kennt, wie etwa Ramses, der zu Moses Zeiten Pharao war.

Dieser Pharao schätzte seine Bediensteten – vielleicht nicht immer perfekt, denn er ließ dem Bäcker den Kopf abschlagen und seinen Körper an einem Pfahl aufhängen, damit die Vögel ihn fressen konnten (1Mo 40,22) –, aber er veranstaltete an seinem Geburtstag ein Festmahl für seine Diener. Und später demütigte sich der Pharao und hörte auf einen Gefangenen. So etwas ist untypisch für unumschränkte Alleinherrscher.

Ich weiß nicht, ob dieses Verhalten eine Ausnahme von der üblichen Verhaltensweise des Pharaos war. Vielleicht hatten ihn diese Träume tief getroffen und als er sah, wie Gott Joseph auf so wundersame und übernatürliche Weise gebrauchte, gab sein Herz ihm eine Bestätigung für die Richtigkeit seiner Entscheidung. Es könnte aber genauso gut ein Hinweis darauf sein, dass dieser Pharao tatsächlich etwas Weisheit besaß und in einer gewissen Demut handelte.

Was uns Christen angeht, so sollte sich unsere Demut ganz natürlich aus einer Beziehung zu Gott ergeben. Jesus sollte nicht nur unser Retter sein, er sollte auch unser Herr sein. Wenn du wirklich das Knie gebeugt hast – wenn du ein lebendiges Opfer bist (Röm 12,1) –, dann bist du auch demütig. Das ist eine unvermeidliche Begleiterscheinung deiner Beziehung zu ihm.

Mein ganzes Leben baut darauf auf, dass ich einfach tue, was immer mir Gott aufträgt. Ich folge Gott, so gut ich nur kann. Ich bin nicht federführend. Ich sage einfach: »Gott, was hast du vor zu tun? Was auch immer es ist, meine Antwort lautet Ja, bevor du überhaupt fragst.« Wenn Gott dir etwas zu tun aufträgt und du dasitzt und dich dagegen sträubst, dann bist du nicht demütig. Du vertraust Gott nicht und wirst andere schlecht führen können. Auch wenn er nicht an den Gott Josephs glaubte, als er diese Träume hatte, so besaß der Pharao doch zumindest die Demut zu erkennen, dass sie von Bedeutung waren und ausgelegt werden mussten.

Wir wissen nicht genau, wie viel Zeit das Ganze in Anspruch nahm, aber die Bibelstelle sagt, dass das, was Joseph mitgeteilt hatte, in den Augen der Diener des Pharaos gut war. Der Pharao hat sich also zumindest über Blicke mit seinen Dienern ausgetauscht oder sich sogar mit ihnen beraten, und sie waren sich alle einig. Es ist schwer, ein einstimmiges Urteil von Menschen zu bekommen. Dies ist ein Hinweis darauf, dass Joseph gerade den Tag gerettet hatte.

Lass dich von Gott voranbringen

Es hatte dreizehn Jahre gedauert, aber Gott hatte Joseph vorbereitet und ihn in Stellung gebracht. Gott öffnete eine Tür, die kein Mensch verschließen konnte (Offb 3,8). Gott tut so etwas. Er wird auch dich voranbringen. Es ist jedoch wichtig zu erkennen, dass Joseph nicht versucht hat, sich selbst voranzubringen. Joseph hatte sich nicht gegen seine Brüder gewehrt. Er setzte sich nicht gegen Potiphar zur Wehr, als er zu Unrecht beschuldigt wurde. Er tat nichts dergleichen. Joseph blieb einfach Gott zugewandt. Er ließ sich von Gott voranbringen.

Wenn Gott für deine Beförderung zuständig ist, brauchst du dir diesbezüglich nicht mehr den Kopf zu zerbrechen. Wenn du jedoch selbst voranzukommen versuchst, wirst du am Ende mit einem Ismael dastehen, weil du versucht hast, selbst etwas zustande zu bringen (1Mo 16,1–16).

Ich kann dir nur sagen: Wenn du Gott dienst und ihn von ganzem Herzen suchst, wird Gott dich gut aussehen lassen. Gott wird dich in Positionen bringen und dir Befugnisse geben, die du auf natürlichem Wege niemals hättest erlangen können.

Zwischen Joseph und mir gibt es sicherlich große Unterschiede, aber es bestehen auch Ähnlichkeiten. Wenn ich Gott wäre, hätte ich mich nicht ausgewählt. Ich bin ein Studienabbrecher. Ich bin ein »Hinterwäldler« aus Texas. Nach den Maßstäben der Welt gibt es eine Menge Negatives in meinem Leben. Und doch hat Gott mich begünstigt, mir Einfluss gegeben und mir erlaubt, andere Menschen mit seinem Wort zu erreichen.

Würde ich mich hinsetzen und darüber nachdenken, könnte ich Hunderte von Menschen benennen, die heute tot wären, wenn ich ihnen nicht Gottes Wort vermittelt, mit ihnen gebetet und ihre Heilung ins Rollen gebracht hätte. Ich könnte dir Ehen zeigen, die sich zum Guten gewandelt haben, Menschen, deren Leben sich von Grund auf verändert hat. Es gibt insofern einige Übereinstimmungen mit Joseph, als dass Gott mich gesegnet hat und mich gut dastehen lässt.

Mich hat mal jemand gefragt: »Wie machst du das alles?« Worauf ich nur antworten konnte: »Ich weiß es selber nicht so genau.« Wie ich schon oft gesagt habe, ist es wie auf einer Achterbahn – ich bin einfach in den Sitz geschnallt und klammere mich so gut ich kann fest. Ich habe über das, was geschieht, keine Kontrolle. Ich schaue nur auf Gott, und er hat mir die Möglichkeit gegeben, das Leben vieler Menschen zu beeinflussen und zu berühren.

Gott wird dich gut dastehen lassen, wenn du es zulässt. Das Problem ist nur, dass die meisten Menschen zu Gott sagen: »Ich schaffe das schon. Du brauchst mich nur vorzustellen und für die richtige Gelegenheit zu sorgen, den Rest bekomme ich dann selber hin.« Eine solche Einstellung könnte der Grund dafür sein, dass Gott dich bisher noch nicht gebrauchen konnte.

Satan wird dich angreifen und versuchen, dich zu zerstören. Und wenn du nicht den Charakter hast, um mit der Position, die Gott dir gibt, richtig umzugehen, wird sie dir nur schaden. Wenn Gott jemanden nicht in eine Führungsposition befördert, dann nicht zuletzt deshalb, weil er die Person zu sehr liebt, um mitanzusehen, wie sie Schaden erleidet. Genauso liebt er auch die Menschen, die unter der Führung dieser Person stehen würden. Er möchte nicht, dass jemand ein schlechtes Beispiel abgibt und andere Menschen entmutigt. Es braucht also einfach Zeit, damit Gott sein Werk in dir tun kann. Wenn du das zulässt, wird Gott dich schließlich wie Joseph in eine Position befördern, in der du Einfluss hast.

Vertraue Gottes Plänen

Und der Pharao sprach zu seinen Knechten: Können wir einen Mann finden wie diesen, in dem der Geist Gottes ist? Und der Pharao sprach zu Joseph: Nachdem Gott dir dies alles mitgeteilt hat, ist keiner so verständig und weise wie du. Du sollst über mein Haus sein, und deinem Befehl soll mein ganzes Volk gehorchen; nur um den Thron will ich höher sein als du! Und der Pharao sprach zu Joseph: Siehe, ich setze dich über das ganze Land Ägypten! Und der Pharao nahm den Siegelring von seiner Hand und steckte ihn an die Hand Josephs, und er bekleidete ihn mit weißer Leinwand und legte eine goldene Kette um seinen Hals; und er ließ ihn auf seinem zweiten Wagen fahren; und man rief vor ihm aus: »Beugt eure Knie!« Und so wurde er über das ganze Land Ägypten gesetzt. Und der Pharao sprach zu Joseph: Ich bin der Pharao, aber ohne dich soll niemand im ganzen Land Ägypten die Hand oder den Fuß erheben! — 1. Mose 41,38–44

Der Ring diente dem Pharao als Mittel zur Besiegelung von Angelegenheiten. Es war sein offizielles Zeichen, ähnlich wie ein notarielles Siegel. Und nachdem er die Dinge offiziell gemacht hatte, streifte er genau diesen Ring ab und übergab ihn Joseph. Das ist fast zu schön, um wahr zu sein! Wenn das nicht in der Bibel stünde, könnte man meinen, jemand hätte es sich ausgedacht. Wie kann ein Mensch in nur einer Stunde von der Grube in den Palast gelangen?

Vermutlich verging nicht viel Zeit, bis der Pharao seine Träume erzählt und Joseph sie gedeutet hatte. Anschließend gab Joseph ihm Anweisungen, und der Pharao war bereit, einem Mann, den die Ägypter verachteten und der gerade aus dem Gefängnis geholt worden war, die Führung des gesamten Volkes zu übertragen. Das ist ein wahres Wunder!

Gott hat für dein Leben genauso sicher einen Plan wie er ihn für Josephs Leben hatte, nur siehst du ihn vielleicht noch nicht. Joseph sah dreizehn Jahre lang keine wirklichen Anhaltspunkte für einen solchen Plan. Alles schien sich gegen Joseph zu wenden, aber er hielt an den Träumen fest, die Gott ihm gegeben hatte. Und dann wurde er über Nacht aus der Tiefe des Kerkers in den Palast versetzt.

Jeder will Erfolg haben, aber nur sehr wenige Menschen wären bereit, das durchzumachen, was Joseph durchgemacht hat, um dorthin zu gelangen. Gott gibt dir unter anderem deshalb Visionen und Träume, weil es zwischen dem Zeitpunkt, an dem er dir seinen Willen für dein Leben offenbart, und dem Zeitpunkt, an dem du ihn verwirklicht siehst, Widerstände geben wird. Wenn du nie mit dem Teufel zusammenstößt, dann liegt das wahrscheinlich daran, dass ihr beide in dieselbe Richtung unterwegs seid.

Wenn du umkehrst und anfängst, Gottes Weg zu gehen, wird es Widerstand geben. Es kostet mehr Mühe, nicht mit dem Strom zu schwimmen – sich nicht einfach anzupassen, um irgendwie durchs Leben zu kommen. Doch leider ist es genau das, was die meisten Menschen tun. Sie wollen nur die Zeit totschlagen, sich irgendwie beschäftigt halten und den Weg des geringsten Widerstandes gehen.

Du wirst nie Gottes Bestes für dein Leben erreichen, wenn du nur das tust, was bequem ist. Du brauchst eine Vision von Gott; an ihr musst du festhalten und die Widerstände durchstehen, die auf dich zukommen werden. Die meisten Menschen sind dazu nicht bereit. Viele wollen das erreichen, was Joseph erreicht hat, aber sie sind nicht bereit, das durchzumachen, was er durchgemacht hat.

Es sind schon Leute ans *Charis Bible College* gekommen, die sahen, dass ich gesegnet bin. Unser Haus und unsere Autos sind abbezahlt. Ich habe keine Schulden, und die Leute denken: *Nun, Gott hat das für Andrew getan, also wird er es auch für mich tun.* Das ist absolut wahr, nur wissen sie nicht, was ich alles durchgemacht habe, um von meinem Ausgangspunkt dorthin zu gelangen, wo ich jetzt bin. Ich habe Gottes Versorgung nicht sofort erlebt. Ich habe auch dann weitergemacht, wenn alle um mich herum sagten, ich solle aufgeben. Ich glaube, die einzige Person, die mir nie gesagt hat, ich solle aufhören und aufgeben, ist Jamie. Gott hat Jamie und mich auf übernatürliche Weise zusammengebracht und sie hat mir beigestanden; doch es gab Zeiten, in denen wir keinen anderen Menschen auf diesem Planeten hatten, der daran glaubte, dass die Vision, die Gott in mein Herz gelegt hatte, Wirklichkeit werden würde.

Jeder will unsere Ergebnisse, aber nicht jeder ist bereit, das durchzumachen, was wir durchgemacht haben, um dorthin zu gelangen. Ich werfe Gott nichts vor, denn viele meiner Probleme waren selbst verschuldet. Ich glaube nicht, dass irgendjemand alles perfekt macht, aber man muss durchhalten. Auf deinem Weg wirst du einige Fehler machen, deshalb musst du dich selbst ermutigen.

Ermutige dich selbst

David wurde von Gott gesalbt, als er etwa siebzehn Jahre alt war (1Sam 16,13), genau wie Joseph. Er war dreißig Jahre alt, als er zum König gesalbt wurde (2Sam 5,3–4). Es verging also exakt gleich viel Zeit, bis David Gottes Vision in Erfüllung gehen sah. In der Nacht, bevor David König wurde, schien es so, als sei alles gescheitert. Seine Heimatstadt war überfallen worden. Seine Familie und alle seine Leute waren gefangen genommen worden (1Sam 30,1–6). Seine Krieger sprachen davon, ihn zu steinigen. Dreizehn Jahre lang war er treu gewesen, und doch sah es so aus, als würde sich alles gegen ihn wenden. In 1. Samuel 30,6 heißt es jedoch: »David aber stärkte sich in dem HERRN, seinem Gott.«

In einer Situation, in der seine Familie gefangen genommen und seine Stadt niedergebrannt worden war, in der seine eigenen Leute in Aufruhr waren und daran dachten, ihn zu töten, fasste David Stärke und Mut im Herrn. Und innerhalb von vierundzwanzig Stunden wurde er König (2Sam 5,3). Seine Vision ging in Erfüllung, aber er hatte es nicht leicht und war versucht, aufzugeben. Er weinte, bis er keine Tränen mehr hatte (1Sam 30,4). Das war keine Sache, die er locker wegstecken konnte. Es war eine schwere Prüfung, und doch blieb er standhaft und ermutigte sich selbst.

Wenn du Träume im Herzen trägst und es so scheint, als würde keiner davon in Erfüllung gehen, denkst du vielleicht ans Aufgeben. Wirst du aufgeben? Wirst du Gott gegenüber verbittern? David hat das nicht getan. Und Joseph hat es auch nicht getan.

Eben noch hatte Joseph im Gefängnis gesessen und nur wenige Stunden später wurde er zum Herrscher über das ganze Land Ägypten eingesetzt. David wurde innerhalb weniger Stunden, nachdem er allen Widrigkeiten zum Trotz sich selbst ermutigt hatte, zum König gesalbt. Für diese beiden Menschen wendete sich alles zum Guten, und auch für dich wird sich alles zum Guten wenden, wenn du nicht aufgibst. In Galater 6,9 (EÜ) schreibt der Apostel Paulus: »… denn wenn wir darin nicht nachlassen, werden wir ernten, sobald die Zeit dafür gekommen ist.« Doch da ist dieses große »Wenn«. Traurig, aber wahr: Die meisten Menschen lassen irgendwann nach.

In Jeremia 12,5 (NLB) steht: »Wenn du schon müde wirst, wenn du mit Fußgängern um die Wette läufst, wie willst du dann mit Pferden mithalten?« Jeremia will damit sagen: »Wenn dich schon kleine Dinge zermürben und dich aufgeben lassen, was wirst du dann tun, wenn etwas wirklich Großes passiert?« Wenn Gott dir eine einflussreiche und leitende Position zugedacht hat, garantiere ich dir, dass du in dem Moment, in dem du sie einnimmst, angegriffen werden wirst. Es wird Leute geben, die sich gegen dich stellen.

Als ich in der Armee war, bekam ich Ärger, weil ich meinem Vorgesetzten nicht richtig salutierte. Ich weiß nicht, was es mit dem Salutieren auf sich hat, aber es fiel mir einfach schwer, es richtig zu machen. Die Situation wurde so ernst, dass man mir mit Disziplinarmaßnahmen drohte – also begann ich, vor allem zu salutieren, was sich bewegte! Als ich nach Vietnam abkommandiert und zu einer Feuerunterstützungsbasis geschickt wurde, sah ich eines Tages einen Oberst auf mich zukommen, also blieb ich stehen und salutierte. Der Oberst stieß mich zu Boden, baute sich über mir auf und sagte: »Wenn du diese Glatze hier jemals wieder auf dich zukommen siehst, drehst du besser um und gehst in die andere Richtung!«

Als ich so dalag, dachte ich: *Ja, was nun? Soll ich salutieren oder soll ich nicht salutieren?* Aber der Oberst erklärte mir, dass feindliche Scharfschützen den Stützpunkt beobachteten, und wenn sie sahen, wie jemandem salutiert wurde, wussten sie, dass es sich um einen Offizier handelte. Für Offiziere bestand ein höheres Risiko, erschossen zu werden, weil sie Anführer waren. Sollte die Truppe ihren Anführer verlieren, stünde die Chance gut, dass es zu einem Befehlschaos käme, was dem Feind im Falle eines Angriffs einen Vorteil verschaffen würde.

Im Reich Gottes verhält es sich ähnlich. Wenn du Gott dienst, hast du eine große Zielscheibe auf dem Rücken, und wenn du mit deiner jetzigen Situation nicht zurechtkommst, wirst du auch nicht in der Lage sein, das zu meistern, was Gott mit dir vorhat. Meiner Ansicht nach ist das mit ein Grund, warum Josephs Beförderung dreizehn Jahre auf sich warten ließ – von der Zeit, als Gott ihm diese Visionen gab, bis zu dem Moment, als er vor dem Pharao stand. Es dauert einfach seine Zeit, bis Gott diese Art von Integrität in dir wirkt. Das ist eine mächtige Erkenntnis!

Überwinde Selbstbezogenheit

Und der Pharao gab Joseph den Namen Zaphenat-Paneach und gab ihm Asnath zur Frau, die Tochter Potipheras, des Priesters von On. Und Joseph zog aus durch das ganze Land Ägypten. Und Joseph war 30 Jahre alt, als er vor dem Pharao, dem König von Ägypten, stand. Und Joseph ging vom Pharao hinweg und bereiste das ganze Land Ägypten.
— 1. Mose 41,45–46

Vergleiche dies nun einmal mit 1. Mose 37,2, wo es heißt, dass Joseph siebzehn Jahre alt war, als ihm diese Träume erschienen. Er war dreißig Jahre alt, als er vor dem Pharao stand. Das bedeutet, dass dreizehn Jahre vergangen waren, seit Gott ihm die Vision gegeben hatte, und in dieser gesamten Zeit hatte es nichts gegeben, was positiv gewesen wäre. Josephs Weg hatte kontinuierlich nach unten geführt.

Joseph, einst geliebter Sohn seines Vaters, war von seinen Brüdern verstoßen, in die Sklaverei verkauft, fälschlicherweise der Vergewaltigung beschuldigt und schließlich ins Gefängnis geworfen worden. Dann vergaß ihn der Mann, dem er aus dem Gefängnis geholfen hatte, zwei ganze Jahre lang. All diese Dinge schienen eine Kaskade von Misserfolgen zu sein; es wollte einfach nichts klappen.

Höchstwahrscheinlich ist dir weniger Schlimmes widerfahren als Joseph, und doch hast du dir eingeredet, dass die Welt gegen dich sei und alles schieflaufe. Joseph hatte mehr Gründe, sich zu beklagen, depressiv zu werden und aufzugeben als jeder von uns, und doch hat er nichts davon zum Anlass genommen.

Heutzutage scheinen Depressionen häufiger denn je aufzutreten. Die Zahl der Menschen, bei denen eine Depression diagnostiziert wird und die deshalb Medikamente einnehmen, scheint in die Höhe zu schnellen. Allerdings glaube ich nicht, dass die Ursache in einer allgemeinen Verschlechterung der Lebensbedingungen liegt, sondern darin, dass die Menschen nicht mehr so belastbar sind. Die Menschen sind selbstverliebt und mehr an Vergnügungen als an Gott interessiert (2Tim 3,2–4).

Während des Zweiten Weltkriegs gab es Menschen, die ihr Leben einsetzten, obwohl sie wussten, dass sie dabei sterben würden. Jamies Onkel James gehörte zur ersten Welle von US-Marines, die an den Stränden von Iwo Jima landeten. Die Vorgesetzten sagten ihnen, dass die ersten fünf Wellen mit jeweils tausend Mann wahrscheinlich nicht überleben würden. Sie dienten nur dazu, das Feuer der japanischen Streitkräfte, die die Insel hielten, auf sich zu lenken, und es war damit zu rechnen, dass die ersten fünftausend Amerikaner getötet werden würden. Dies war notwendig, um einen Brückenkopf auf Iwo Jima zu errichten. James setzte sich mit seiner Familie in Verbindung, da er wusste, dass er wahrscheinlich sterben würde, weil er zur ersten Welle gehörte, aber er war bereit, sein Leben zu opfern. Er hatte eine Aufgabe, die größer war als er selbst.

Leider gibt es heute kaum noch Menschen, die bereit wären, ihr Leben hinzugeben. Nicht zuletzt deshalb kann Gott nicht jedem einfach so Verantwortung übertragen, denn die meisten könnten damit nicht umgehen. Wenn du eine exponierte Position einnimmst, wirst du zur Zielscheibe für den Feind. Satan wird dich bekämpfen. Wenn du nicht bereit bist, dein Leben für eine Sache hinzugeben, wirst du nicht siegen, weil du keine Integrität hast. Das soll keine Kritik sein, ich will dir nur die Augen öffnen. Wenn du willst, dass Gott dich gebraucht, dann werde brauchbar. Hör auf, Gott um mehr Einfluss zu bitten, und überlege auch nicht, wie du dich selbst weiterbringen könntest. Denke stattdessen darüber nach, wie du anderen Menschen dienen kannst.

Sichere Gottes Versorgung

Und das Land trug in den sieben Jahren reichen Überfluss. Und er sammelte allen Ertrag der sieben Jahre, die im Land Ägypten waren, und schaffte die Nahrungsmittel in die Städte; den Ertrag der umliegenden Felder brachte er in die Städte. Und Joseph speicherte Getreide auf wie Sand am Meer, über die Maßen viel, bis man es nicht mehr messen konnte; denn es war unermesslich viel. — 1. Mose 41,47–49

Dies zeugt von Überfluss und war genau das, was Joseph vorausgesagt hatte. Es waren gute Zeiten für Joseph und ganz Ägypten. Josephs Aufstieg war jedoch ausschließlich seiner Voraussage der sieben Jahre der Hungersnot zu verdanken. Wären sie nicht eingetreten, wäre Joseph nicht als Held, sondern als Scharlatan angesehen worden. Er hätte schwerwiegende Konsequenzen zu tragen gehabt.

Eines der stärksten Zeugnisse für Josephs Glauben an den Herrn liegt in diesen sieben Jahren des Überflusses. Es ist eine Sache, dem Herrn zu dienen, wenn man in einer Krise steckt. Als Joseph in die Sklaverei verkauft und dann ins Gefängnis gesteckt wurde, was hätte er da noch tun können? Als einzige andere Möglichkeit hätte er aufgeben und Schluss machen können. Doch wenn er jemals erleben wollte, wie seine Träume in Erfüllung gingen, musste er auf Gott vertrauen.

Es spricht für Joseph, dass er sich in den Jahren des Wohlstands genauso an Gott hielt wie in den Jahren der Bedrängnis. Das Risiko, in Schwierigkeiten zu geraten, kann in Zeiten des Wohlstands größer sein als in schweren Zeiten. Fast jeder wendet sich an den Herrn, wenn er in Schwierigkeiten steckt, doch wenn alles gut zu laufen scheint, bleiben nur wenige weiterhin in Abhängigkeit vom Herrn.

Joseph folgte der Führung des Herrn und lagerte Lebensmittel in den Städten ein, in Erwartung des Tages, an dem er sie würde austeilen müssen. Die Vorräte wurden nicht alle an einem Ort gelagert, sondern über die Städte verteilt, damit sie leicht zugänglich waren. Das zeugt von Weisheit und vorausschauender Planung. Menschen vergeuden oft das, womit Gott Vorsorge trifft, und haben deshalb in Notzeiten kein gutes Auskommen.

Bevor aber das Jahr der Hungersnot kam, wurden dem Joseph zwei Söhne geboren; die gebar ihm Asnath, die Tochter Potipheras, des Priesters von On. Und Joseph gab dem Erstgeborenen den Namen Manasse; denn [er sprach]: Gott hat mich alle meine Mühsal vergessen lassen und das ganze Haus meines Vaters. Dem zweiten aber gab er den Namen Ephraim; denn [er sprach]: Gott hat mich fruchtbar gemacht im Land meines Elends. — 1. Mose 41,50–52

Joseph zeugte in den ersten sieben Jahren seiner Ehe mit Asnath zwei Söhne. Der Name *Manasse* bedeutet »vergessen lassen«.[6] Ich glaube, das bezieht sich darauf, dass Joseph all die Schwierigkeiten, die er hatte ertragen müssen, und die schrecklichen Dinge, die ihm seine Brüder angetan hatten, vergessen hatte. Ich glaube nicht, dass Joseph seine Familie an sich »vergaß«, er war nur nicht verbittert über das, was geschehen war. Er konzentrierte sich auf das Gute, das Gott ihm gezeigt hatte, und war damit beschäftigt, das zu tun, wozu der Herr ihn berufen hatte.

Der Name *Ephraim* bedeutet »doppelte Frucht«.[7] Joseph pries Gott für den Überfluss und die Fruchtbarkeit, die er ihm geschenkt hatte. Das könnte auch prophetisch gedeutet werden, denn Josephs Erbe betrug das Doppelte von dem, was seine Brüder bekamen (1Mo 48,21–22).

> *Als nun die sieben Jahre des Überflusses im Land Ägypten zu Ende gegangen waren, da brachen die sieben Hungerjahre an, wie Joseph vorausgesagt hatte. Und es entstand eine Hungersnot in allen Ländern; aber im ganzen Land Ägypten gab es Brot. Und als das ganze Land Ägypten Hunger litt und das Volk zum Pharao um Brot schrie, da sprach der Pharao zu allen Ägyptern: Geht hin zu Joseph; was er euch sagt, das tut! Und als die Hungersnot im ganzen Land herrschte, öffnete Joseph alle Speicher und verkaufte den Ägyptern [Getreide]; denn die Hungersnot nahm überhand im Land Ägypten. Und alle Welt kam nach Ägypten, um bei Joseph Korn zu kaufen; denn es herrschte große Hungersnot auf der ganzen Erde. — 1. Mose 41,53–57*

Das ist wirklich beeindruckend! Joseph hatte so viel von den Ernteerträgen einlagern lassen, dass er den Bewohnern des Landes im Grunde das verkaufte, was vormals ihr Eigentum gewesen war. Das verschaffte der ägyptischen Regierung einen Geldsegen. Außerdem versorgte er nicht nur die Ägypter, sondern auch die anderen Länder um Ägypten herum mit Lebensmitteln. In all dem bewies der Pharao eine für einen Regierungschef ungewöhnliche Weisheit. Die meisten Menschen hätten den Ruhm für sich beansprucht, hätten behauptet, dass sie die Hungersnot kommen sahen. Ihre Arroganz hätte sie dazu veranlasst, bei der erstbesten Gelegenheit die Führung zu übernehmen, doch der Pharao verwies die Menschen weiterhin an Joseph. Damit zeigte der Pharao bemerkenswerte Demut und Klugheit.

Josephs Treue zu Gott hatte nicht nur Auswirkungen auf ganz Ägypten, sondern auch auf viele umliegende Länder. Zwar trifft es zu, dass Gott alle Vorkehrungen traf, um seine Kinder zu beschützen, sodass die Israeliten nach Ägypten kommen und auf übernatürliche Weise von Joseph versorgt werden konnten, aber ihm ging es nicht nur um sein Volk. Gott zeigte diese Dinge dem Pharao, um diesen vorzubereiten und so alle Ägypter zu segnen. Er wollte sie und andere Völker vor dem Hungertod bewahren. Die Güte Gottes zeigt sich nicht nur darin, dass er dem Pharao Träume schickte, die ihm zeigten, was auf ihn zukommen würde. Der Herr sorgte auch für sieben Jahre der Fülle, bevor die sieben Jahre der Hungersnot kamen. Es wird immer Vorsorge geben, bevor ein Bedarf entsteht.

KAPITEL 10

Die Rache ist Sache des Herrn

Und Jakob sah, dass es in Ägypten Korn gab. Da sprach Jakob zu seinen Söhnen: Was seht ihr einander an? Siehe, ich höre, dass es in Ägypten Korn gibt; zieht hinab und kauft uns dort Getreide, damit wir leben und nicht sterben! So machten sich zehn der Brüder Josephs auf den Weg, um in Ägypten Getreide zu kaufen. Benjamin aber, den Bruder Josephs, sandte Jakob nicht mit den Brüdern; denn er sprach: Es könnte ihm ein Unfall begegnen! — 1. Mose 42,1–4

Sowohl Abraham als auch Isaak hatten während ihrer Lebzeiten Hungersnöte durchstanden (1Mo 12,10 und 26,1–3). Abraham zog nach Ägypten, um zu überleben, Isaak hingegen blieb im Land, säte aus und erntete in seinem Hungerjahr das Hundertfache (1Mo 26,12). Hier erlebten nun Jakob und seine Familie eine solche Hungersnot.

Hätte Jakob versucht, das zu tun, was sein Vater Isaak während der Hungersnot zu seiner Zeit getan hatte, hätte es nicht funktioniert. Isaak hatte ein Wort von Gott, dass er im Land bleiben solle und der Herr ihn segnen würde (1Mo 26,2–4). Jakob hatte dieses Wort nicht. Es war nur natürlich für Jakob, dorthin zu gehen, wo es Nahrung gab. Der Herr nutzte dies, um seine Pläne für das Volk Israel zu verwirklichen.

Es gibt immer ein gewisses Abwägen zwischen natürlichem Handeln und dem Befolgen von göttlichen Weisungen. Es hängt alles davon ab, was der Herr sagt. Wenn wir ein Wort vom Herrn haben, folgen wir diesem, ganz egal, was die fleischliche Weisheit sagt. Wenn wir kein Wort vom Herrn haben, müssen wir praktische Schritte unternehmen, um unsere Bedürfnisse zu erfüllen.

Das zeigt, dass auch denen, die gesegnet sind, Schlimmes widerfahren kann, aber es zeigt ebenso, dass Gott auch in schweren Zeiten für seine Menschen sorgt. Gott hatte dem Pharao Träume gegeben, bevor die Hungersnot kam. Er kümmert sich immer um die Versorgung, bevor wir den Bedarf haben. Gott wird von nichts überrumpelt.

Die Dürre im Land Kanaan wurde immer schlimmer, sodass Jakob schließlich zehn seiner Söhne anwies, nach Ägypten zu reisen, um Nahrung zu kaufen. In Jakobs Vorstellung war Joseph bereits gestorben und Benjamin, Jakobs jüngster Sohn, war der einzige andere Sohn, der ihm von seiner Lieblingsfrau Rahel geboren worden war (1Mo 35,24). Jakob liebte Rahel am meisten (1Mo 29,30). Da er dachte, Joseph sei tot, klammerte Jakob sich an Benjamin und ließ ihn nicht aus seiner Obhut.

Josephs Brüder hatten keine Ahnung, was sie in Kürze erwarten würde. Doch der Herr hatte dies seit mehr als zwanzig Jahren geplant. Es würde ihr ganzes Leben und auch die Geschichte Israels verändern. Sie sollten eine Rolle bei der Erfüllung der Vision spielen, die Gott Joseph all die Jahre zuvor gegeben hatte.

Als Sklave und Gefangener hätte Joseph nichts tun können, um die Vision Gottes zu verwirklichen. Nachdem er dann aber der mächtigste Mann in Ägypten neben dem Pharao geworden war, hatte er Zugang zu Streitkräften und allen anderen Ressourcen. Joseph hätte begleitet von einer Armee zu seiner Familie zurückkehren und seine Brüder zwingen können, sich vor ihm zu verbeugen. Doch das tat er nicht. Joseph wartete weitere neun Jahre, nachdem er die absolute Befehlsgewalt erlangt hatte; er verließ sich darauf, dass Gott diese Visionen verwirklichen würde. Für mich ist das der beste Beweis für die Aufrichtigkeit von Josephs Herz und Charakter.

Vermeide es, dich selbst anzupreisen

Stolz hat viele Ausdrucksformen. Die meisten Menschen denken, Stolz sei einfach Arroganz, die einen beispielsweise glauben lässt, man sei besser als alle anderen. Jedoch sollte auch ein geringes Selbstwertgefühl als Stolz betrachtet werden, wenngleich die meisten Menschen darin eher eine Demutshaltung sehen.

Ich glaube, dass eines der Hauptmerkmale der Demut darin besteht, nicht eigenmächtig und unabhängig zu sein. Es gibt viele Bibelstellen, die das untermauern.

> *Vertraue auf den HERRN von ganzem Herzen und verlass dich nicht auf deinen Verstand; erkenne Ihn auf allen deinen Wegen, so wird Er deine Pfade ebnen. — Sprüche 3,5–6*

> *Denn weder von Osten noch von Westen, auch nicht von der Wüste her kommt Erhöhung; sondern Gott ist der Richter; den einen erniedrigt, den anderen erhöht er. — Psalm 75,7–8*

Eine besonders herausragende Eigenschaft wahrer göttlicher Demut ist der Verzicht auf Selbstdarstellung. Das soll nicht heißen, dass du nie vorankommen wirst. Doch anstatt dich selbst hervorzutun, vertraust du dich Gott an und überlässt es ihm, dich voranzubringen.

In 1. Petrus 5,6 steht:

So demütigt euch nun unter die gewaltige Hand Gottes, damit er euch erhöhe zu seiner Zeit!

Ein demütiger Mensch ist kein Selbstdarsteller, er ist nicht eigenmächtig und versucht nicht, Dinge zu erzwingen. Diese Tugend fehlt den allermeisten Menschen heute. In dem Moment, in dem sie die Macht haben, solche Visionen aus eigener Kraft zu verwirklichen, tun sie es. Joseph hingegen blieb treu und wartete ab, bis Gott die Dinge zur Erfüllung bringen würde. Er demütigte sich und Gott erhöhte ihn zur rechten Zeit. Seine Träume wichen ihm nie aus dem Sinn (1Mo 37,7.9).

Es ist eine Sache, nicht zu meckern und zu klagen, wenn man ohnehin nichts tun kann, doch nachdem Joseph zum Herrscher über das ganze Land geworden war, hätte er diese Träume in die Tat umsetzen können. Wäre er einfach nur verbittert gewesen und hätte sich an seinen Brüdern rächen und sie bestrafen wollen, hätte er das tun können. Doch neun Jahre lang tat Joseph einfach das, wozu Gott ihn gesalbt hatte. Er unternahm nicht das Geringste, um seine Träume eigenmächtig wahr werden zu lassen.

In Psalm 105,19 sagt die Bibel über Joseph: »… bis zu der Zeit, da sein Wort eintraf und der Ausspruch des HERRN ihn geläutert hatte.« Joseph wurde von Gottes Wort bestimmt. Es hatte ihn die ganze Zeit über aufrechterhalten, und als er die Möglichkeit bekam, es aus eigener Kraft zu verwirklichen, schlug er diesen Weg nicht ein. Joseph war ein von Gott abhängiger Mensch. Er vertraute völlig auf Gott, und dieses Fehlen von Eigenmächtigkeit war der Grund dafür, dass ihm dieser Aufstieg gewährt wurde.

Wir müssen Gott denjenigen sein lassen, der uns verteidigt und voranbringt, doch die meisten Menschen wenden sich nur an Gott, wenn es darum geht, eine Krise zu überwinden. Und in dem Moment, in dem es so aussieht, als sei die Krise überwunden, kehren sie dazu zurück, die Dinge auf ihre Weise zu tun – also das zu machen, was sie überhaupt erst in die Krise gebracht hat! Das könnte der Grund sein, warum diese Menschen Gottes Willen in ihrem Leben nicht in Erfüllung gehen sehen.

Erfülle den Traum

> *So kamen nun die Söhne Israels, um Getreide zu kaufen, mit anderen, die auch hingingen, weil im Land Kanaan Hungersnot herrschte. Joseph aber war Regent über das Land; er allein verkaufte dem ganzen Volk des Landes Korn. Darum kamen die Brüder Josephs und beugten sich vor ihm nieder, das Angesicht zur Erde gewandt. — 1. Mose 42,5–6*

Dies stimmte mit der Vision überein, die Joseph gesehen hatte (1Mo 37,7), doch die Vision war damit noch nicht vollständig erfüllt. Es ging nicht nur darum, dass seine Brüder sich vor ihm verbeugten. Sie kamen noch öfter als dieses eine Mal und warfen sich vor ihm nieder (1Mo 43,26.28 und 44,14). Ich glaube, Joseph wusste, dass seine Träume (1Mo 37,5–11) durch seine Stellung in Ägypten erfüllt werden würden. Deshalb war er derjenige, der den Verkauf des Getreides übernahm, anstatt dies an einen Untergebenen zu delegieren. Er sah diesem Tag erwartungsvoll entgegen.

Vergiss nicht, dass Joseph zwei Träume hatte. Im ersten Traum hatten sich alle elf seiner Brüder vor ihm verbeugt (1Mo 37,5–7), doch in diesem Fall waren nur zehn seiner Brüder anwesend. Ich bin sicher, dass keiner von Josephs Brüdern damit rechnete, Joseph jemals wiederzusehen, geschweige denn sich vor ihm zu verbeugen, doch es ist gut möglich, dass sie an ihn gedacht und sich gefragt haben, was wohl aus ihm wurde. Dies würde jedenfalls der größte Schock ihres Lebens werden!

Als nun Joseph seine Brüder sah, erkannte er sie; aber er verstellte sich und redete hart mit ihnen und fragte sie: Wo kommt ihr her? Sie antworteten: Aus dem Land Kanaan, um Nahrung einzukaufen! Und Joseph erkannte seine Brüder, sie aber erkannten ihn nicht. Und Joseph dachte an die Träume, die er von ihnen geträumt hatte, und sprach zu ihnen: Ihr seid Kundschafter; ihr seid gekommen, um zu sehen, wo das Land offen ist! — 1. Mose 42,7–9

Joseph war erst siebzehn Jahre alt, als er von seinen Brüdern in die Sklaverei verkauft wurde (1Mo 37,27–28), er hatte sich also zwischenzeitlich stark verändert. Außerdem war er wie ein Ägypter gekleidet. Jedes Mal, wenn man Bilder von den Herrschern im alten Ägypten sieht, tragen sie einen Kopfschmuck und allerlei andere Dinge. Zwar war Joseph für sie nicht mehr erkennbar, doch er erkannte seine Brüder problemlos.

Meiner Überzeugung nach sind die meisten Menschen der Auffassung, dass die Art und Weise, wie Joseph seine Brüder behandelte, auf Bitterkeit und Rache zurückzuführen ist. Er wollte ihnen so wehtun, wie sie ihm wehgetan hatten. So habe ich es auch von fast allen anderen Bibellehrern gehört. Ich glaube jedoch nicht, dass es sich wirklich so verhielt. Menschen, die voller Unversöhnlichkeit und Bitterkeit sind, handeln nicht mit der Art von Integrität, die Joseph sein ganzes Leben lang an den Tag legte.

Josephs Brüder waren üble, gottlose Männer. Damals gab es noch nicht die staatliche Regulierung, wie wir sie heute kennen. Die Bibel sagt, dass es eine Zeit gab, in der es in Israel keinen König gab und jeder tat, was er für richtig hielt (Ri 17,6 und 21,25). Als die

Brüder nach Ägypten kamen, fanden sie dort eine funktionierende Regierung vor, im Land Kanaan hingegen gab es keinen König. Die Menschen machten mehr oder weniger, was sie wollten, und sie taten einige ziemlich schlimme Dinge.

Wie wir wissen, schlief Ruben, der älteste Sohn Jakobs, verbotenerweise mit einer der Frauen seines Vaters (1Mo 35,22). Simeon und Levi ermordeten Hunderte von Männern in Sichem und nahmen alle Frauen und Kinder gefangen. Juda hatte Sex mit seiner eigenen Schwiegertochter, und sie wurde schwanger und bekam Zwillinge von ihm (1Mo 38,12–27). Und Issaschar und Sebulon hatten immerhin kein Problem damit, Josephs geplanter Ermordung zuzustimmen (1Mo 37,18–20). Das waren ein paar richtig fiese Typen. Sie waren gesetzlos und taten, was sie wollten. Gott bewahrte also nicht nur ihr Leben, indem er Joseph vor ihnen nach Ägypten schickte, um dort alles für das Überleben der kommenden Hungersnot vorzubereiten, sondern Teil der Vision, die er Joseph gab, war auch, dass diese Brüder endlich ihr Knie vor Gott beugen sollten.

Ich glaube, Joseph erkannte, dass es Gott darum ging, diese Männer ans Ende ihrer selbst zu bringen. Sie sollten die Anführer der zwölf Stämme Israels werden. Das würde ihr Vermächtnis sein. Doch diese Männer waren böse und Gott versuchte, sie dahin zu bringen, dass sie seine Autorität anerkannten. Sie mussten sich demütigen.

Joseph beschuldigte seine Brüder nicht aus Verbitterung, Spione zu sein, und auch nicht, weil er sie bestrafen wollte. Er wusste, dass Gott ihn in diese Position gebracht hatte. Und er verstand auch, dass diese Männer sich demütigen und ans Ende ihrer eigenen Möglichkeiten kommen mussten.

Mach keine Kompromisse

Sie antworteten ihm: Nein, mein Herr! Deine Knechte sind gekommen, um Nahrung zu kaufen! Wir sind alle Söhne eines Mannes; wir sind aufrichtig; deine Knechte sind niemals Kundschafter gewesen! Er aber sprach zu ihnen: Nein, sondern ihr seid gekommen, um zu sehen, wo das Land offen ist! Sie antworteten: Wir, deine Knechte, sind zwölf Brüder, die Söhne eines einzigen Mannes im Land Kanaan, und siehe, der jüngste ist gegenwärtig bei unserem Vater, und der eine ist nicht mehr. — 1. Mose 42,10–13

Natürlich wusste Joseph das alles. Sie sagten, dass ein Bruder gestorben sei, aber er war ja nicht wirklich gestorben. Sie sprachen über Joseph. Sie hatten keine Ahnung, dass er der Herrscher war, der sie gerade beschuldigte, Spione zu sein. Sie mögen keine Spione gewesen sein, aber es wäre übertrieben zu behaupten, dass sie insgesamt unbescholtene Männer waren. So kam es jedenfalls dazu, dass diese Brüder denjenigen, den sie einst so sehr verachtet hatten, nun »Herr« nannten. Gottes Gerechtigkeit ist großartig!

Aber Joseph sprach zu ihnen: Es ist so, wie ich euch gesagt habe: Ihr seid Kundschafter! Daran will ich euch prüfen: So wahr der Pharao lebt, ihr sollt von hier nicht fortgehen, es sei denn, euer jüngster Bruder kommt her! Schickt einen von euch hin, damit er euren Bruder holt, ihr aber sollt in Haft behalten werden. So sollen eure Worte geprüft werden, ob ihr wahrhaftig seid; wenn aber nicht, dann seid ihr Kundschafter, so wahr der Pharao lebt! — 1. Mose 42,14–16

Was wäre geschehen, wenn Joseph sich seinen Brüdern an diesem Punkt offenbart hätte? Das lässt sich nicht mit Sicherheit sagen, aber ich weiß, dass Gott es so nicht geplant hatte. Josephs Traum zeigte deutlich, dass sich elf Brüder vor ihm verbeugten (1Mo 37,9). Ganz gleich, wie gerne Joseph sich zu erkennen gegeben hätte, er musste sich an Gottes Plan halten. Der Herr wollte Joseph dazu gebrauchen, dessen Brüder ans Ende ihrer selbst zu bringen.

Genauso müssen auch wir den Kurs halten, wenn wir Gottes Willen folgen. Es wird immer Gelegenheiten geben, Kompromisse einzugehen und die Dinge auf einfachere Weise anzugehen. Kompromisse sind die Sprache des Teufels. Satan bot Jesus einen leichteren Weg an, sein Ziel zu erreichen (Mt 4,8–9 und Lk 4,5–7). Doch Gott sei Dank hat er nicht eingewilligt!

Auch in seinem Fall war Joseph nicht bereit, einen Kompromiss einzugehen. Er forderte sie auf, ihre Beteuerungen unter Beweis zu stellen, indem sie Benjamin holten und zu ihm brachten. Das würde nicht nur den Druck auf sie verstärken, sondern auch sicherstellen, dass er seinen jüngeren Bruder zu sehen bekäme. Der Herr hatte Joseph deutlich gezeigt, dass sich alle elf seiner Brüder vor ihm verbeugen würden (1Mo 37,5–11). Deshalb war es erforderlich, dass Benjamin mit ihnen kam.

Ernten, was gesät wurde

Und er setzte sie alle zusammen in Gewahrsam, drei Tage lang. Am dritten Tag aber sprach Joseph zu ihnen: Wenn ihr am Leben bleiben wollt, so tut nun dies – denn ich fürchte Gott –: Wenn ihr aufrichtig seid, so lasst einen von euch Brüdern hier gebunden im Gefängnis zurück; ihr anderen aber geht hin und bringt Getreide heim, um den Hunger

eurer Familien zu stillen. Euren jüngsten Bruder aber bringt zu mir, damit eure Worte sich als wahr erweisen, und dann sollt ihr nicht sterben! Und sie handelten danach. Sie sagten aber zueinander: Wahrlich, wir sind schuldig wegen unseres Bruders! Denn wir sahen die Drangsal seiner Seele, als er uns [um Erbarmen] anflehte; wir aber hörten nicht auf ihn. Darum ist diese Drangsal über uns gekommen!
— 1. Mose 42,17–21

Diese Brüder hatten das Schuldgefühl über das, was sie Joseph angetan hatten, nie überwunden. Entgegen dem alten Sprichwort ist es eine Täuschung zu glauben, dass »die Zeit alle Wunden heilt«. Das vermögen nur Gott und Vergebung zu tun. Auch wenn die Schilderung in 1. Mose 37 nichts darüber berichtet, erfahren wir aus diesem Abschnitt, dass Joseph seine Brüder um sein Leben angefleht hatte, als sie ihn in die Grube warfen. Im Laufe der Jahre müssen ihnen diese Gedanken immer wieder durch den Kopf gegangen sein. Kein Wunder also, dass die Brüder erkannten, dass sie nun ernteten, was sie gesät hatten (Gal 6,7).

Hieran kann man auch gut erkennen, wie es in der Hölle zugehen muss. Neben ständigen Schmerzen, Durst und Leiden müssen sich die Menschen in der Hölle auch noch mit ihrem Bedauern und all ihren Erinnerungen an vergangene Sünden auseinandersetzen. Jesus lehrte, dass die Hölle ein Ort der Qual ist, und die Erinnerung wird Teil dieser Qual sein:

Abraham aber sprach: Sohn, bedenke, dass du dein Gutes empfangen hast in deinem Leben und Lazarus gleichermaßen das Böse; nun wird er getröstet, du aber wirst gepeinigt.
— Lukas 16,25

Im Gegensatz dazu, sagt uns die Bibel, ist der Himmel ein Ort, an dem Jesus alle Tränen von unseren Augen abwischen wird, und es wird keinen Tod, keine Trauer, kein Weinen und keinen Schmerz mehr geben (Offb 7,17 und 21,4). Der Herr sprach durch Jesaja über die Gerechten in der zukünftigen Schöpfung und darüber, dass es keine Reue, Schuld oder Scham geben wird:

> *Denn siehe, ich schaffe einen neuen Himmel und eine neue Erde, sodass man an die früheren nicht mehr gedenkt und sie nicht mehr in den Sinn kommen werden. — Jesaja 65,17*

Der Himmel wird so herrlich sein, dass anders als es bei dem reichen Mann in der Hölle der Fall war (Lk 16,19–31), all die Leiden dieses Lebens denjenigen, die für immer mit dem Herrn im Himmel vereint sind, niemals mehr in den Sinn kommen werden. Das ist einfach fantastisch!

Im Gegensatz zur Hölle bzw. dem Hades, welcher samt seiner Bewohner für alle Ewigkeit in den Feuersee geworfen wird, wurden Josephs Brüder nur drei Tage lang im Gefängnis festgehalten. Der Gerechtigkeit halber sei gesagt, dass Joseph aufgrund ihrer Taten Jahre in der Sklaverei und im Gefängnis zugebracht hatte. Joseph hätte sie ohne Weiteres und sogar völlig zu Recht einsperren und den Schlüssel wegwerfen können, aber er hatte Mitleid mit ihnen – nicht nur mit ihnen, sondern auch mit seinem Vater und allen Familienmitgliedern, die noch in Kanaan waren. Joseph wusste, dass eine längere Einkerkerung seiner Brüder für deren Familien und für seinen Vater eine große Belastung darstellen würde.

Ich bin sicher, dass es andere Möglichkeiten gegeben hätte, die Geschichte der Brüder zu überprüfen. Abgesehen davon hielt Joseph sie ja nie wirklich für Spione. Er wollte damit nur erreichen, dass sie Benjamin zu ihm bringen würden. Benjamin war der einzige Bruder, der Joseph nicht gehasst hatte, und er war zudem auch der einzige Bruder, mit dem er sich Vater und Mutter teilte (1Mo 43,30).

Werde bitter oder besser

Und Ruben antwortete und sprach zu ihnen: Habe ich euch nicht zugeredet und gesagt: Versündigt euch nicht an dem Knaben? Aber ihr wolltet ja nicht hören! Und seht, nun wird sein Blut gefordert! Sie wussten aber nicht, dass Joseph sie verstand; denn er verkehrte mit ihnen durch einen Dolmetscher. Und er wandte sich von ihnen ab und weinte, kehrte aber wieder zu ihnen zurück und redete mit ihnen. Darauf nahm er Simeon von ihnen weg und band ihn vor ihren Augen. — 1. Mose 42,22–24

Nach zweiundzwanzig Jahren in Ägypten war Joseph eindeutig der ägyptischen Sprache mächtig. Er sprach wahrscheinlich völlig akzentfrei. Außerdem redete er durch einen Dolmetscher mit ihnen. Seine Brüder konnten also nicht ahnen, dass Joseph ihre Sprache sprach, und so unterhielten sie sich frei vor ihm. Zudem waren auch keine ihrer Landsleute in der Nähe, sodass sie davon ausgingen, dass nichts von dem, was sie sagten, zu ihrem Vater in Kanaan durchdringen würde. Sie hielten nichts zurück und verrieten Joseph somit, was sonst Teil von vertraulichen Gesprächen gewesen wäre.

Ruben hatte sich an dem Komplott seiner Brüder, Joseph zu töten, nicht beteiligt; vielmehr hatte er vorgehabt, Joseph zu befreien und ihn zu ihrem Vater zurückzubringen (1Mo 37,21–22). Nichtsdestotrotz hatte Ruben bei der Lüge über Josephs Tod mitgespielt, die seine Brüder Jakob auftischten. Deshalb war er genauso schuldig wie sie.

Joseph wusste nicht, dass Ruben die anderen angefleht hatte, sein Leben zu verschonen. Das war eine neue Information für ihn, die ihn vermutlich zutiefst berührte. Es könnte Joseph dazu veranlasst haben, einen anderen Bruder auszuwählen und Ruben gehen zu lassen. Simeon, einer der grausamsten von Josephs Brüdern (1Mo 34,25), wurde zur Geisel, bis Benjamin eintreffen würde.

Obwohl das, was Ruben sagte, Joseph zum Weinen brachte, behielt er vor seinen Brüdern die Fassung. Er konnte nicht zulassen, dass seine Gefühle dem im Wege standen, was Gott durch ihn zu tun beabsichtigte. Wir alle haben negative Erfahrungen gemacht. Wir haben die Wahl, ob wir dadurch bitter oder besser werden. Wenn jemand Grund gehabt hätte, verbittert zu sein, dann Joseph. Aber Gott hatte ihm eine Vision gegeben, und er hielt daran fest. Er hätte stattdessen auch einfach zusammenbrechen und sich seinen Brüdern vor dem richtigen Zeitpunkt offenbaren können. Doch Joseph blieb Gottes Plan treu.

> *Und Joseph gab Befehl, dass man ihre Gefäße mit Getreide fülle und jedem sein Geld wieder in seinen Sack lege und ihnen auch Verpflegung mit auf die Reise gebe; und so machte man es mit ihnen. Da luden sie ihr Getreide auf ihre Esel und gingen davon. Als aber einer seinen Sack öffnete, um in der Herberge seinem Esel Futter zu geben, da sah er sein Geld, und siehe, es lag oben im Sack! Und er sprach zu seinen Brüdern: Mein Geld ist mir zurückgegeben worden; seht, es ist in meinem Sack! Da verging ihnen der Mut, und sie sprachen zitternd einer zum anderen: Was hat uns Gott da getan! — 1. Mose 42,25–28*

Simeon, der zweitälteste Sohn Jakobs, wurde ins Gefängnis geworfen, und die anderen neun Brüder kehrten nach Hause zurück. Auf dem Heimweg machten sie in einer Herberge Halt und öffneten ihre Säcke, um Futter für ihre Tiere zu kaufen. Als sie ihre Säcke öffneten, fanden sie die gesamte Summe, die sie zum Kauf von Getreide mitgebracht hatten. Sie fragten sich, was Gott ihnen da nur angetan hatte (1Mo 42,28). Erst waren sie beschuldigt worden, Spione zu sein, und jetzt hatten sie auch noch ihr gesamtes Geld zurück. Sie hatten Angst, dass man sie nun zusätzlich beschuldigen würde, das Geld gestohlen zu haben, das eigentlich dem Pharao gehörte. Es heißt von ihnen, dass sie daraufhin allen Mut verloren (Vers28).

Noch einmal: Wir haben die Wahl, ob wir bitter oder besser werden. In diesem Fall erwies Joseph seinen Brüdern Gunst, nicht Hass. Sein Handeln sollte Gott helfen, ihren widerspenstigen Stolz zu brechen. Was muss in ihren Köpfen und Herzen vorgegangen sein? Nach dem, was sie vor Joseph geäußert hatten, müssen sie das Gefühl gehabt haben, dass sie nun von ihren Sünden heimgesucht wurden (4Mo 32,23).

Die Brüder begannen, Gottes Hand in alledem zu erkennen. Sie wussten nicht, dass das Endergebnis von all dem ein Segen sein würde, denn zu diesem Zeitpunkt fürchteten sie nur, dass der Untergang auf sie wartete. Der Herr inszenierte alles auf eine Weise, die sie nie vergessen würden. Joseph hätte sich seinen Brüdern offenbaren und seine Träume von sich aus wahr werden lassen können, aber das hätte nicht zu Gottes Plan gehört. Das hätte sie nicht gebrochen und sie nicht ans Ende ihrer selbst gebracht.

Zeige Barmherzigkeit

Als sie aber zu ihrem Vater Jakob ins Land Kanaan kamen, erzählten sie ihm alles, was ihnen begegnet war, und sprachen: Der Mann, der Herr des Landes ist, redete hart mit uns und behandelte uns als Kundschafter des Landes. Wir aber sagten: Wir sind aufrichtig und sind keine Kundschafter! Wir sind zwölf Brüder, Söhne unseres Vaters; einer ist nicht mehr, der jüngste aber ist gegenwärtig bei unserem Vater im Land Kanaan. — 1. Mose 42,29–32

Sie kehrten nach Hause zurück und gingen zu Jakob, ihrem Vater. Sie mussten ihm erklären, warum Simeon nicht bei ihnen war, nämlich weil er im Gefängnis festgehalten wurde. Hätten sie Jakob zweiundzwanzig Jahre zuvor die ganze Wahrheit gesagt, als sie ihm vorgaukelten, Joseph sei getötet worden, wären sie nicht in diese Situation geraten. Zu diesem Zeitpunkt beharrten sie immer noch auf der Lüge, Joseph sei tot. Sie ließen von ihrem gottlosen Verhalten nicht ab und wollten keine Verantwortung für ihr Handeln übernehmen.

Allein die Tatsache, dass Joseph ihnen erlaubt hatte, Nahrung für ihre Familien mitzunehmen, hätte ihnen zeigen sollen, dass der Landesherr nicht so böse war, wie sie ihn vermutlich wahrnahmen. Obwohl er ihnen vorgeworfen hatte, Spione zu sein, war er doch sehr barmherzig zu ihnen gewesen. Es gab also klare Hinweise auf Gottes Güte, doch ihr schlechtes Gewissen ließ sie nur das Negative sehen.

Da sprach der Mann, der Herr des Landes, zu uns: Daran will ich erkennen, ob ihr aufrichtig seid: Lasst einen eurer Brüder bei mir zurück und geht und nehmt mit, was ihr für eure Familien braucht; und bringt euren jüngsten Bruder zu mir, damit ich erkenne, dass ihr keine Kundschafter, sondern aufrichtig seid! Dann will ich euch euren Bruder herausgeben, und ihr könnt ungehindert im Land verkehren. Und es geschah, als sie ihre Säcke ausleerten, siehe, da hatte jeder seinen Beutel mit Geld in seinem Sack! Als sie und ihr Vater ihre Beutel mit Geld sahen, erschraken sie.

— 1. Mose 42,33–35

Die Brüder sagten Jakob, sie könnten nicht zurückgehen und mehr Vorräte holen, wenn sie nicht Benjamin mitbrächten. Noch einmal: Der Traum, den Gott Joseph im Alter von siebzehn Jahren gegeben hatte, zeigte alle elf Brüder, wie sie sich vor ihm verbeugten – Benjamin musste also nach Ägypten kommen, damit sich der Traum erfüllen konnte.

Auch die Rückgabe des gesamten Geldes konnte nicht als Versehen angesehen werden. Wenn man das Geld einer Person gefunden hätte, wäre das vielleicht noch erklärbar gewesen. Doch es konnte kein Irrtum sein, dass das Geld aller in den Säcken war. Dies war offenbar absichtlich so arrangiert worden, aber zu welchem Zweck?

Ich vermute, Joseph hatte das alles im Voraus geplant. Seine Träume bereiteten ihn auf den Tag vor, an dem seine Brüder kommen und sich vor ihm verbeugen würden. Davon auszugehen, dass seine Brüder während der Hungersnot nach Ägypten kommen müssten, um dort Nahrung zu besorgen, war nur logisch. Vermutlich hat Joseph darüber gebetet und wurde in seinem Handeln vom Herrn inspiriert.

Die Wurzel allen Kummers

Und ihr Vater Jakob sprach zu ihnen: Ihr habt mich meiner Kinder beraubt! Joseph ist nicht mehr, Simeon ist nicht mehr, und Benjamin wollt ihr [mir] nehmen; dies alles ist über mich gekommen! Da sprach Ruben zu seinem Vater: Du kannst meine beiden Söhne töten, wenn ich ihn dir nicht wiederbringe! Übergib ihn nur meiner Hand, ich will ihn dir wiederbringen! Er aber sprach: Mein Sohn soll nicht mit euch hinabziehen; denn sein Bruder ist tot, und er ist allein übrig geblieben. Sollte ihm ein Unfall begegnen auf dem Weg, den ihr geht, so würdet ihr meine grauen Haare vor Kummer ins Totenreich hinunterbringen! — 1. Mose 42,36–38

Jakob war bereit, Simeon dem Tod zu überlassen, um Benjamin zu retten. Er dachte an das Worst-Case-Szenario: Wenn Benjamin nach Ägypten ginge und nicht zurückkäme, würde er nach Joseph auch Simeon und Benjamin verlieren. An diesem Punkt war Jakob bereit, seine Verluste zu begrenzen und Benjamin bei sich zu behalten. Wir erinnern uns: Jakob trauerte immer noch um Joseph und wollte sich nicht trösten lassen (1Mo 37,34–35). Er war bereit, einen anderen Sohn für unbestimmte Zeit im Gefängnis schmoren zu lassen, solange er sich nicht von dem jüngsten Sohn seiner Lieblingsfrau trennen musste. Es ist einfach nur schrecklich, wie egoistisch Jakob war.

Trauer ist in der Selbstbezogenheit verwurzelt. Wenn ein geliebter Mensch stirbt, fragen wir uns unter Tränen: *Wie kann ich ohne ihn weiterleben?* Wir geben uns starken Emotionen hin, konzentrieren uns auf den Tod und den Verlust und sagen weinend: »Wir werden uns in dieser Welt nie wieder sehen!« Dann reden wir uns ein, dass wir um die Toten trauern, obwohl es in Wirklichkeit um uns selbst geht.

Wenn die verstorbene Person, um die du trauerst, gerettet wurde und nun im Himmel ist, gibt es viel zu feiern. Dein Angehöriger befindet sich jetzt in der Gegenwart Jesu und empfängt seinen ewigen Lohn! Kannst du dir die Atmosphäre bei der Beerdigung eines Gläubigen vorstellen, wenn wir nicht so egozentrisch wären? Statt einer Krise könnte es eine begeisternde Zeit der Danksagung, des Lobes und der Freude sein!

In Wahrheit entsteht Trauer durch Egoismus. Schmerz und Verlust erscheinen dir vielleicht realer als die Wahrheit, dass der geliebte Mensch glücklich und in Frieden im Himmel ist. Deshalb halte inne und frage dich: *Warum trauere ich wirklich? Gilt der Kummer dem Verstorbenen oder mir selbst?* Eine ehrliche Antwort wird den Egoismus in deinem Herzen offenbaren.

KAPITEL 11

Komm ans Ende deiner selbst

Aber die Hungersnot lastete auf dem Land. Und es geschah, als sie alles Korn aufgezehrt hatten, das sie aus Ägypten hergebracht hatten, da sprach ihr Vater zu ihnen: Geht und kauft uns wieder ein wenig Speise! Aber Juda antwortete und sprach zu ihm: Der Mann hat uns ernstlich bezeugt und gesagt: Ihr sollt mein Angesicht nicht sehen, wenn euer Bruder nicht bei euch ist! Wenn du nun unseren Bruder mit uns sendest, so wollen wir hinabziehen und dir Speise kaufen. Wenn du ihn aber nicht gehen lässt, so ziehen wir nicht hinab; denn der Mann hat zu uns gesagt: Ihr sollt mein Angesicht nicht sehen, wenn euer Bruder nicht bei euch ist!
— 1. Mose 43,1–5

Als das Getreide zur Neige ging und sie mehr Nahrung brauchten, befahl Jakob seinen Söhnen, nach Ägypten zurückzugehen und weitere Vorräte zu kaufen. Sie erwiderten jedoch: »Wenn wir dorthin zurückgehen, werden wir als Spione behandelt. Wir können nur gehen, wenn du uns Benjamin mitnehmen lässt.«

Joseph hatte ihnen klargemacht, dass sie nicht zurückzukommen brauchten, wenn Benjamin nicht bei ihnen wäre. Sie fürchteten sich vor dem, was passieren würde, wenn sie ohne ihn aufbrächen. Joseph hatte nichts über die genauen Konsequenzen gesagt, sicher war jedoch, dass sie als Spione angesehen würden.

Das würde mit Sicherheit eine Gefängnisstrafe, wenn nicht gar den Tod bedeuten.

Und nun denk nur mal an Simeon. In der Bibel wird nicht genau angegeben, wie viel Zeit zwischen dem ersten und dem zweiten Besuch der Brüder in Ägypten verstrich. Ich vermute, dass die Vorräte, die sie gekauft hatten, einige Zeit reichten, sodass Simeon durchaus bereits mehrere Monate im Gefängnis saß. Simeon wusste, wie lange es dauerte, von Kanaan nach Ägypten zu reisen, und dass seine Brüder bereits zurückgekehrt wären, wenn Jakob ihnen die Erlaubnis gegeben hätte.

Simeon muss gedacht haben, dass sein Vater ihn im Stich ließ, weil er Benjamin bei sich behalten wollte. Ich kann mir vorstellen, dass er auch viel Zeit hatte, über sein Leben nachzudenken und darüber, was er und seine Brüder Joseph angetan hatten.

Da sprach Israel: Warum habt ihr mir das zuleide getan, dem Mann zu verraten, dass ihr noch einen Bruder habt? Sie sprachen: Der Mann forschte so genau nach uns und unserer Verwandtschaft und sprach: Lebt euer Vater noch? Habt ihr noch einen Bruder? Da gaben wir ihm Auskunft, wie es sich verhielt. Konnten wir denn wissen, dass er sagen würde: Bringt euren Bruder herab? — 1. Mose 43,6–7

Jakob wurde wütend auf seine Söhne und sagte: »Warum habt ihr mir das angetan und dem Mann verraten, dass ihr noch einen Bruder habt?« Sie sagten: »Wir wussten doch nicht, was seine Absicht war. Er hat uns geradeheraus gefragt. Er fragte uns über dich aus. Er wollte wissen, ob wir noch andere Brüder hätten. Und weil wir nicht wussten, was er vorhatte, sagten wir ihm einfach die Wahrheit.« Jakob reagierte einfach emotional, denn es bestand eigentlich kein Grund, seine Söhne dafür zu tadeln, dass sie Joseph wahrheitsgemäß geantwortet hatten.

Trotzdem wollte Jakob Benjamin nicht mit ihnen gehen lassen, weil er der letzte Sohn seiner Lieblingsfrau Rahel war (1Mo 42,36–38). Er protestierte lautstark (1Mo 43,6), doch in Wahrheit hatte er keine andere Wahl. Die Not trieb Jakob schließlich dazu, das zu tun, was er nicht tun wollte. Sie würden sonst verhungern.

> *Und Juda sprach zu seinem Vater Israel: Gib mir den Knaben mit, so wollen wir uns auf den Weg machen, damit wir leben und nicht sterben, wir und du und unsere Kinder! Ich will für ihn bürgen, von meiner Hand sollst du ihn fordern; wenn ich ihn dir nicht wiederbringe und ihn vor dein Angesicht stelle, so will ich die Schuld tragen vor dir mein ganzes Leben lang. Wenn wir nicht gezögert hätten, so wären wir gewiss jetzt schon zweimal zurückgekehrt! — 1. Mose 43,8–10*

Ruben hatte Jakob gegenüber bereits erklärt, dass Jakob dessen beide Söhne töten könne, falls sie Benjamin nicht zurückbrächten (1Mo 42,37). Dies war eine törichte Äußerung, doch sie zeigte seinen Willen, Benjamin lebend zurückzubringen. Nun sagte auch Juda, dass er persönlich dafür geradestehen würde, wenn er Benjamin nicht zurückbrächte (1Mo 43,8–10).

Genau wie Rubens unüberlegter Schwur war auch das nicht besonders schlau. Es gibt keine Garantie dafür, dass immer alles gut geht, denn auf manche Dinge hat man keinen Einfluss. Ruben und Juda zeigten jedenfalls, dass sie langsam an ihre Grenzen kamen. Sie machten ihrem Vater alle möglichen Versprechungen, weil sie sich in einer Situation befanden, in der es um Leben und Tod ging. Ohne neue Vorräte würden sie mit Sicherheit umkommen.

Da sprach ihr Vater Israel zu ihnen: Wenn es denn doch sein muss, dann macht es so: Nehmt in eure Säcke von den berühmtesten Erzeugnissen des Landes und bringt sie dem Mann als Geschenk: ein wenig Balsam, ein wenig Honig, Tragakanth und Ladanum, Pistazien und Mandeln. Nehmt auch den doppelten Betrag Geld mit euch und erstattet das zurückerhaltene Geld, das oben in euren Säcken war, eigenhändig wieder; vielleicht war es ein Versehen. Und nehmt euren Bruder mit, macht euch auf und kehrt zu dem Mann zurück! Und Gott, der Allmächtige, gebe euch Barmherzigkeit vor dem Mann, dass er euch euren anderen Bruder wieder mitgibt und Benjamin! Ich aber, wenn ich doch der Kinder beraubt sein soll, so sei ich ihrer beraubt!
— 1. Mose 43,11–14

Jakob gab nach. Er sagte seinen Söhnen, sie könnten zurück nach Ägypten reisen und neben dem Geld und einer Menge Geschenke auch Benjamin mitnehmen. Jakob befahl den Brüdern, Früchte, Datteln und allerlei heimische Erzeugnisse als Geschenk für Joseph mitzunehmen. Jakob hatte Jahrzehnte zuvor Esaus Zorn durch Geschenke besänftigt (1Mo 32,13–16) und er hoffte, in diesem Fall das Gleiche erreichen zu können (Spr 18,16).

Jakob – oder Israel – wies sie an, doppelt so viel Geld wie beim ersten Mal mitzunehmen, plus der Summe, die sie in ihren Säcken gefunden hatten. Dieses zusätzliche Geld könnte zur Wiedergutmachung oder zum Kauf einer zusätzlichen Menge Getreide dienen. Schließlich konnte sich keiner von ihnen erklären, warum das Geld in ihren Säcken gelegen hatten. Sie hatten keine Ahnung, was der wirkliche Grund war.

Dann sagte Jakob: »Wenn ich meine Kinder verliere, dann soll es eben so sein.« Letztendlich musste Jakob an einen Punkt gelangen, an dem er gezwungen war, Benjamin mit seinen Brüdern nach Ägypten gehen zu lassen. Er flehte Gott um Gnade an und legte die ganze Situation in Gottes Hände, was von vornherein eine weise Entscheidung gewesen wäre.

Furcht und Zittern

Da nahmen die Männer dieses Geschenk und doppelt so viel Geld mit sich, und auch Benjamin; und sie machten sich auf und reisten hinab nach Ägypten und traten vor Joseph. Als nun Joseph den Benjamin bei ihnen sah, sprach er zu seinem Verwalter: Führe die Männer ins Haus hinein, schlachte und bereite [ein Essen] zu; denn sie sollen mit mir zu Mittag essen! — 1. Mose 43,15–16

Sie beluden alle ihre Lasttiere, nahmen Benjamin mit und kehrten nach Ägypten zurück, um mehr Getreide zu kaufen. Jakob war Benjamin gegenüber überfürsorglich gewesen, was man daran erkennen kann, dass er ihn gar nicht erst mit seinen Brüdern nach Ägypten ziehen lassen wollte. Ich vermute, dass Benjamin ganz begeistert war, endlich frei zu sein und in die Hauptstadt der damals mächtigsten Nation auf der Erde reisen zu dürfen.

Als sie ankamen, war es wieder Joseph, der das Geld entgegennahm und den Verkauf des Getreides überwachte. Benjamin war wesentlich jünger als Joseph. Und Joseph war erst siebzehn Jahre alt gewesen, als er in die Sklaverei verkauft wurde. Es ist also gut möglich, dass er Benjamin nicht sofort erkannte, weil dieser damals noch ein kleiner Junge gewesen war.

Joseph sagte zu seinem Verwalter: »Bring sie heute in mein Haus. Ich werde ein Festmahl für sie geben.« Ich bin sicher, dass unter den Brüdern eine gewisse Beklommenheit herrschte, auch wenn sie Josephs Forderungen erfüllt hatten. Anstatt sich angesichts der Einladung zu einem persönlichen Festmahl im Haus dieses nahezu uneingeschränkten Herrschers von Ägypten geehrt zu fühlen, hatten sie Angst.

Der Mann tat, wie ihm Joseph gesagt hatte, und führte die Männer in das Haus Josephs. Da fürchteten sich die Männer, weil sie in das Haus Josephs geführt wurden, und sprachen: Man führt uns hinein wegen des Geldes, welches das erste Mal wieder in unsere Säcke gekommen ist, um über uns herzufallen und uns zu überwältigen und uns zu Sklaven zu machen samt unseren Eseln! — 1. Mose 43,17–18

Joseph, der zweitmächtigste Mann der Welt, besaß wahrscheinlich einen prächtigen Palast. Es heißt, dass die Brüder, als sie zu Josephs Haus geführt wurden, sich vor dem fürchteten, was nun womöglich geschehen würde (vielleicht zitterten sie sogar vor Angst), denn sie dachten an das Geld, das sie in ihren Säcken gefunden hatten. Ich glaube, Joseph tat all dies wirklich nur zu ihrem Besten. Er tat es, um sie zu brechen und sie von ihrem Eigensinn zu befreien, mit dem sie sich Gott widersetzten. Joseph wusste, dass Gott ihn dazu gebrauchte, seine Brüder zur Umkehr zu bringen.

Eines der größten Missverständnisse über Joseph und seinen Umgang mit seinen Brüdern besteht meiner Meinung nach in der Annahme, dass Joseph diese Dinge aus Bitterkeit und Unversöhnlichkeit getan hat. Dass er seine Brüder genauso schlimm verletzen wollte, wie sie ihn verletzt hatten. Dem stimme ich absolut nicht zu.

Es mag Joseph eine gewisse Befriedigung verschafft haben, sie so verwundbar zu sehen, aber ich glaube nicht, dass das der Beweggrund für sein Handeln war. Josephs Lebensgeschichte passt nicht zu einer Person, die Unversöhnlichkeit und Bitterkeit in sich trug. Ich könnte dir zahlreiche Bibelstellen aus dem Neuen Testament nennen (darunter Mt 6,12–15; 18,21–35 und Kol 3,13), in denen von Unversöhnlichkeit die Rede ist. Ein Mensch muss in der Lage sein, anderen zu vergeben. Unversöhnlichkeit gegenüber einem anderen ist, als würde man Gift trinken und hoffen, dass die andere Person davon krank wird. Tatsächlich wird Unversöhnlichkeit letzten Endes dich selbst zerstören.

Wäre Joseph seinen Brüdern gegenüber zweiundzwanzig Jahre lang unversöhnlich und verbittert gewesen, hätte er garantiert nicht so in der Kraft und Salbung Gottes handeln können, wie es der Fall war. Er wäre nicht aufgestiegen.

In 1. Mose 42,9 heißt es, dass Joseph an seine Träume dachte und deshalb zu seinen Brüdern sagte: »Ihr seid Spione.« Es ging nicht darum, dass er sich an die Art und Weise erinnerte, wie sie ihn behandelt hatten. Seine Träume waren der Grund (1Mo 37,7.9). Ich glaube, dass Joseph diese Dinge tat, weil er wusste, dass Gott ihn dazu bestimmt hatte, durch das Anlegen von Vorräten ihr Leben zu retten und seine Brüder zur Demut vor Gott zu bringen.

Zur Umkehr kommen

Darum wandten sie sich an den Mann, der über das Haus Josephs [gesetzt] war, und redeten vor der Haustür mit ihm, und sie sprachen: Bitte, mein Herr, wir sind schon einmal hier gewesen, um Speise zu kaufen; und es geschah, als wir in die Herberge kamen und unsere Säcke öffneten, siehe,

da lag das Geld von jedem oben in seinem Sack, unser Geld nach seinem vollen Gewicht. Nun haben wir es wieder mit uns gebracht und anderes Geld dazu, um Speise zu kaufen; wir wissen nicht, wer unser Geld in unsere Säcke gelegt hat!
— 1. Mose 43,19–22

Die Brüder machten reinen Tisch. Endlich demütigten sie sich. Sie sagten die Wahrheit, in der Hoffnung, dass man sie vielleicht nicht des Diebstahls bezichtigen würde. Die meisten Menschen hätten das Geschehene nicht enthüllt. Sie hätten gehofft, dass niemand davon erfährt und sich die Sache von selbst erledigt. Josephs Brüder hingegen glaubten, dass Gott ihre Sünden ans Licht bringen würde (1Mo 42,21–22), und sie versuchten, die Folgen abzumildern, indem sie die Wahrheit sagten.

Er sprach zu ihnen: Friede sei mit euch! Fürchtet euch nicht! Euer Gott und der Gott eures Vaters hat euch einen Schatz in eure Säcke gegeben. Euer Geld ist mir zugekommen! Und er brachte Simeon zu ihnen hinaus. Und der Mann führte die Männer in das Haus Josephs und gab ihnen Wasser, dass sie ihre Füße waschen konnten, und gab ihren Eseln Futter.
— 1. Mose 43,23–24

Die hier verwendete Formulierung ist ein konkreter Verweis auf den Gott von Abraham, Isaak und Jakob. Dies zeigt den Einfluss Josephs auf diejenigen, die ihm dienten. Joseph hatte eine geistliche Wirkung auf die Menschen, mit denen er in Kontakt kam.

Der Verwalter von Josephs Haus beruhigte sie und brachte Simeon zu ihnen. Simeon war ja gefangen genommen worden, als sie das letzte Mal nach Ägypten gekommen waren, und saß seitdem im Gefängnis. Nun waren alle Brüder endlich wieder vereint.

Wir wissen nicht, was die Brüder bis dahin dachten. Jakob hatte gesagt, dass das Geld vielleicht aus Versehen in ihren Säcken gelandet war, dass es sich womöglich um einen Fehler handelte. Aber jetzt wussten sie, dass es kein Versehen gewesen war und dass der Verwalter von Josephs Haushalt das Geld wieder in ihre Säcke gelegt hatte. Ich kann mir lebhaft vorstellen, welche Verwirrung angesichts dieser Information in ihren Köpfen geherrscht haben muss. Joseph hatte sie herausgegriffen, sie beschuldigt, Spione zu sein, ihr Geld wieder in ihre Säcke gesteckt, und nun wurden sie zu einem Festmahl in sein Haus gebracht.

Erbarmen zeigen

Sie aber machten das Geschenk bereit, bis Joseph zur Mittagszeit kam; denn sie hatten gehört, dass sie dort essen sollten. Als nun Joseph nach Hause kam, brachten sie ihm das Geschenk, das in ihren Händen war, ins Haus und beugten sich vor ihm zur Erde nieder. Und er fragte nach ihrem Wohlergehen und sprach: Geht es auch eurem alten Vater gut, von dem ihr mir erzähltet? Lebt er noch? Sie antworteten: Es geht deinem Knecht, unserem Vater, gut; er lebt noch! Und sie verneigten sich und beugten sich vor ihm nieder.
— 1. Mose 43,25–28

Es war nun schon das zweite und dritte Mal, dass sich die Brüder vor Joseph bis zur Erde verbeugten, doch es war das erste Mal, dass alle elf dies taten. Es war natürlich der eigene Vater, nach dem Joseph fragte, aber das war ihnen nicht bewusst. Ich bin sicher, dass Joseph unbedingt wissen wollte, wie es seinem Vater seit Josephs erster Begegnung mit seinen Brüdern ergangen war.

Unter natürlichen Gesichtspunkten war Jakob alt und es gab keine Garantie, dass er noch am Leben sein würde, aber Joseph hatte einen Traum, in dem sein Vater kam und sich vor ihm verbeugte (1Mo 37,9–10). Joseph handelte nach dem Wort, das Gott ihm gegeben hatte. Tatsächlich war Jakob 130 Jahre alt, als er schließlich nach Ägypten kam; er war bei guter Gesundheit und lebte weitere siebzehn Jahre. Alles in allem wurde er 147 Jahre alt (1Mo 47,28). Das ist beeindruckend!

> *Als er aber seine Augen erhob und seinen Bruder Benjamin sah, den Sohn seiner Mutter, fragte er: Ist das euer jüngster Bruder, von dem ihr mir gesprochen habt? Und er sprach: Gott sei dir gnädig, mein Sohn! Danach aber zog sich Joseph zurück, denn sein Innerstes war aufgewühlt wegen seines Bruders; und er suchte einen Ort auf, wo er weinen konnte, und ging in sein Gemach und weinte dort. — 1. Mose 43,29–30*

Dieses Aufgewühltsein in seinem Inneresten zeigt die Liebe und das Mitgefühl, die Joseph für seinen jüngeren Bruder empfand. Seinen anderen Brüdern gegenüber brachte er in diesem Moment weder Zorn noch Bitterkeit zum Ausdruck. Joseph war ein Mensch von hervorragendem Charakter, der mit einem enormen Maß an Integrität handelte.

Es waren nunmehr zweiundzwanzig Jahre vergangen, seit Joseph von seinen Brüdern in die Sklaverei verkauft worden war. Alle diese Männer waren Josephs Halbbrüder, aber Benjamin war Josephs vollwertiger Bruder und der einzige seiner Brüder, der nicht an seinem Verkauf in die Sklaverei beteiligt gewesen war. Benjamin war damals noch sehr jung gewesen und hatte sich zwischenzeitlich wahrscheinlich stark verändert. Joseph war immer noch sehr aufgewühlt über all das, was geschehen war. Er hatte sich ein empfindsames Herz bewahrt. Ich bin sicher, dass Joseph sich in all den Jahren ständig nach Benjamin und ihrem gemeinsamen Vater gesehnt hat.

Respekt verdienen

Dann aber wusch er sein Angesicht, ging hinaus, überwand sich und sprach: Tragt das Essen auf! Und man trug ihm besonders auf und ihnen besonders und ebenso den Ägyptern, die mit ihm aßen, besonders; denn die Ägypter dürfen nicht mit den Hebräern zusammen essen, denn das ist für die Ägypter ein Gräuel. — 1. Mose 43,31–32

Hier sehen wir, dass es für die Ägypter eine absolute Widerwärtigkeit darstellte, mit einem Hebräer auch nur zu essen – und Joseph war, obwohl zweitmächtigster Mann in Ägypten, nun mal ein Hebräer. Es zeigt uns, dass es zu jener Zeit eine Menge Vorurteile unter den Menschen gab. Doch es spricht auch Bände über den Pharao, der sich trotzdem nicht gescheut hatte, einen Menschen, der wegen seiner ethnischen Zugehörigkeit verachtet wurde, in die zweithöchste Position des Landes zu bringen.

Meiner Ansicht nach sagt es auch etwas über Joseph aus. Obwohl er getrennt essen musste, machte er keine große Sache daraus. In unserer heutigen Welt gibt es alle möglichen Vorurteile. Und für gewöhnlich gehen Betroffene damit so um, dass sie Respekt für sich einfordern. Ich halte das für den falschen Weg. Anstatt sich darüber zu beschweren und ständig zu klagen und verbittert zu sein, sollte man sich den Respekt einfach verdienen.

Joseph war überaus treu gewesen. Er hatte die Träume des Pharaos gedeutet (1Mo 41,25–32). Er war in diese Position erhoben worden, in der er über alle Ägypter herrschte. Er war ihr Herr. Er hätte sie töten können, aber er erlaubte ihnen, getrennt von ihm zu essen. Er zwang sie nicht, ihn zu respektieren. Joseph tat einfach das, wozu Gott ihm Gelegenheit gab und verdiente sich den Respekt.

Ich kenne einen Mann, der es als Schwarzer in seinem Beruf als Sporttrainer bis an die Spitze gebracht hat. Er sagte in Erinnerung an seine Kindheit, dass sein Vater sich nie über die rassistischen Vorurteile beklagte, die gegen ihn bestanden. Der Vater dieses Mannes lebte eine Zeit lang in der Nähe von Washington, D.C., und durfte nur dann in einem Bus mitfahren, wenn er sich ganz nach hinten setzte. Es gab damals Gesetze, die die Menschen nach ihrer Hautfarbe trennten. Anstatt diese Schmach und Ablehnung zu ertragen, entschied sich der Vater dieses Mannes, lieber überallhin zu Fuß zu gehen. Er riet seinem Sohn, sich nicht zu beschweren, sondern Wege zu finden, wie er die Dinge verbessern und sich den Respekt der Menschen verdienen könnte.

Jahre später gewann die Mannschaft dieses Trainers schließlich eine Meisterschaft und wurde zu einem Besuch ins Weiße Haus eingeladen. Das war eine große Ehre. Als die Mannschaft in einem Bus durch die Viertel fuhr, in denen sein Vater einst zu Fuß zur Arbeit gegangen war, saßen dieser Trainer und sein Vater auf dem Weg zum Präsidenten der Vereinigten Staaten auf den vordersten Sitzplätzen. Das ist einfach fantastisch!

Das geschah jedoch nicht etwa, weil dieser Mann sich beschwert und Respekt eingefordert hätte. Er unterstellte sich Gott, nahm Gelegenheiten wahr, anderen zu dienen, überwand Widrigkeiten und Enttäuschungen und arbeitete sich durch die Ränge, um ein erfolgreicher Trainer zu werden. Als er schließlich Erfolg hatte, lag es an seinem exzellenten Charakter. Nach seinen eigenen Worten fand er Wege, die Dinge zu verbessern.

Viele andere Menschen wären wütend gewesen auf die ganze Welt – sie hätten um sich geschlagen, geschimpft und sich beklagt. Mit dieser Einstellung wird man ganz sicher nicht so weit kommen wie Joseph. Joseph stand über diesen Ägyptern, und doch wollten sie nicht mit ihm essen, weil es ein gesellschaftliches Tabu war. Er jammerte nicht und beklagte sich nicht über die Umstände. Er kam einfach mit der Situation zurecht und machte weiter, und Gott begünstigte ihn. Das ist eine großartige Lektion, die wir von Joseph lernen können.

Während meiner Zeit bei der Armee nannte man mich »Prediger«, weil ich den Leuten Zeugnis gab und für den Herrn eintrat. Wenn ich in die Kantine ging und mich an einen Tisch setzte, nahmen die dort bereits Sitzenden ihre Tabletts und setzten sich woanders hin. Tatsächlich kam es vor, dass sechs oder gar acht Wochen vergingen, ohne dass ein einziger Mensch mit mir gesprochen hätte. Sie hassten mich und lehnten mich ab, weil ich Stellung bezogen hatte.

Als ich in der Grundausbildung war, gab es einmal eine gewalttätige Auseinandersetzung aufgrund von Rassenkonflikten. In den späten 1960er Jahren geschahen viele schreckliche Dinge und es kam häufig zu Krawallen zwischen unterschiedlichen Ethnien. Die Menschen waren verbittert über die Art und Weise, wie sie sich behandelt fühlten, und gerieten schnell in Rage. In unserer Kaserne gab es mehr als doppelt so viele schwarze wie weiße Soldaten. Einige von ihnen verrammelten die Türen, schnappten sich alle Weißen in unserem Schlafsaal und schmetterten ihre Köpfe auf den Betonboden. Es war grauenhaft.

Ich war der einzige Weiße in der ganzen Kaserne, der nicht auf die Krankenstation geschickt werden musste. Der Grund dafür war, dass ich dem Typen, der in unserem Schlafsaal alle verprügelte, Zeugnis gegeben hatte. Vor seiner Einberufung verdiente er sein Geld als Zuhälter. Er war ein ausgesprochen brutaler, übler Kerl. Ich hatte jedoch erfahren, dass sein Vater ein Baptistenprediger war.

Dieser Typ wusste, dass das, was er tat, nicht richtig war. Obwohl er betrunken war und bereits dreißig oder vierzig Weiße krankenhausreif geprügelt hatte, hielt er inne, als er zu meiner Pritsche kam. Der Kerl packte mich und hätte mich wahrscheinlich zu Brei geschlagen, wie alle anderen auch. Doch als er mich ansah, erinnerte Gott ihn wohl daran, dass ich ihm gegenüber Zeugnis gegeben hatte. Also stieß er mich einfach zurück auf meine Pritsche.

Ich habe Hass erfahren, doch ich bin nicht verbittert und wütend darüber. Das ist eine Lektion, die ich von Joseph gelernt habe. Obwohl die Hebräer den Ägyptern ein Gräuel waren, so war Joseph aufgrund seiner Haltung dennoch der zweithöchste Herrscher über ganz Ägypten. Er ließ nicht zu, dass sich Hass und Bitterkeit in ihm festsetzten, und er machte auch kein Problem aus dem Ganzen.

Stille Verwunderung

Und sie saßen vor ihm, der Erstgeborene zuoberst und der Jüngste zuunterst, und die Männer schauten einander verwundert an. Und man trug ihnen besondere Gerichte von dem auf, was vor seinem Angesicht gestanden hatte; das besondere Gericht für Benjamin aber war fünfmal größer als die besonderen Gerichte von ihnen allen. Und sie tranken und wurden fröhlich mit ihm. — 1. Mose 43,33–34

Als Josephs Brüder in sein Haus kamen, wurden sie entsprechend ihrem Geburtsrecht platziert. So manch einer wird das überlesen und nicht beachten. Doch hier sind diese elf Brüder, die in Josephs Haus gebracht wurden, und er platzierte sie nach der Reihenfolge, in der sie geboren wurden – vom Erstgeborenen über den Zweitgeborenen und den Drittgeborenen bis hin zum Jüngsten –, und sie wunderten sich darüber. Wahrscheinlich dachten sie: *Wie kann dieser Ägypter das wissen?* Joseph erkannte jeden seiner Brüder genau und wusste auch, in welcher Reihenfolge sie geboren waren.

Sie wurden nicht nur nach der Reihenfolge ihrer Geburt platziert, sondern Benjamin wurde auch vor allen anderen bevorzugt. Ihm wurde fünfmal mehr Speise serviert. Und zwar deshalb, weil Benjamin vom selben Fleisch und Blut wie Joseph war, sie hatten beide denselben Vater und dieselbe Mutter (1Mo 35,24). Die anderen Brüder waren Halbbrüder von verschiedenen Müttern.

Die Art und Weise, wie Joseph die Brüder nach ihrer Geburtsreihenfolge platzierte und Benjamin bevorzugte, ließ sie aufmerken. Sie sahen sich an und fragten sich: *Was ist hier los?* Sie wussten, dass etwas nicht normal war. Sie wussten nicht genau, was geschah, aber sie wussten, dass es etwas Übernatürliches sein musste.

> *Und [Joseph] befahl seinem Verwalter und sprach: Fülle den Männern die Säcke mit Speise, so viel sie tragen können, und lege das Geld eines jeden oben in seinen Sack! Meinen Becher aber, den silbernen Becher, lege oben in den Sack des Jüngsten samt dem Geld für das Korn! Und er handelte nach dem Wort Josephs, das er gesprochen hatte. Und als der Morgen anbrach, ließ man die Männer ziehen samt ihren Eseln.*
> *— 1. Mose 44,1–3*

Nachdem die Brüder gegessen und ausgelassen mit Joseph gefeiert hatten, entließ er sie, gab ihnen das Getreide, das sie haben wollten, und schickte sie weg. Bevor sie aber aufbrachen, um Ägypten zu verlassen, gab Joseph seinem Verwalter die Anweisung: »Tu meinen silbernen Becher in den Sack des Jüngsten und lege den Sack oben auf den Stapel.« Das ähnelte dem, was Joseph getan hatte, als seine Brüder das erste Mal nach Ägypten kamen.

Nicht lange nach ihrem Aufbruch schickte Joseph den Verwalter hinter ihnen her, der sie beschuldigte, den silbernen Becher gestohlen zu haben, aus dem Joseph getrunken hatte. Joseph hatte die Grausamkeit seiner Brüder am eigenen Leib erfahren. Hier prüfte er ihre Loyalität gegenüber Benjamin, um zu sehen, ob sich in ihren Herzen etwas geändert hatte.

Auf die Probe gestellt

Als sie aber zur Stadt hinausgekommen und noch nicht weit entfernt waren, sprach Joseph zu seinem Verwalter: Mache dich auf, jage den Männern nach, und wenn du sie eingeholt hast, sprich zu ihnen: Warum habt ihr Gutes mit Bösem vergolten? Ist das nicht derjenige, aus dem mein Herr trinkt und aus dem er wahrzusagen pflegt? Da habt ihr Böses getan! Als er sie nun eingeholt hatte, redete er mit ihnen diese Worte.
— 1. Mose 44,4–6

Joseph war bereits als Werkzeug Gottes tätig gewesen, um seine Brüder zur Vernunft und zur Umkehr zu bringen (1Mo 42,21–24), aber die Aufgabe war noch nicht vollendet. Es ist in der Bibel nicht überliefert, ob Joseph diesem Verwalter anvertraut hatte, wer diese

Männer waren oder ob er ihn darüber im Dunkeln ließ. Ich frage mich allerdings, was dieser Verwalter bei all dem wohl dachte, denn er wusste ja, dass er derjenige war, der ihnen den Becher und das Geld in den Sack gesteckt hatte.

> *Sie aber sprachen: Warum redet mein Herr solche Worte? Das sei ferne von deinen Knechten, so etwas zu tun! Siehe, wir haben dir das Geld, das wir oben in unseren Säcken fanden, aus dem Land Kanaan wieder zurückgebracht; wie sollten wir denn aus dem Haus deines Herrn Silber oder Gold gestohlen haben? Bei welchem von deinen Knechten aber etwas gefunden wird, der soll sterben, und wir anderen wollen die Knechte deines Herrn sein! Er aber sprach: Nach eurem Wort, so soll es sein! Bei wem er gefunden wird, der sei mein Knecht; ihr anderen aber sollt ungestraft bleiben!*
> *— 1. Mose 44,7–10*

Ich vermute, dass Josephs Brüder nach dem Verlassen seines Hauses eine interessante Unterhaltung führten. Sie hatten wahrscheinlich das Gefühl, es sei alles gut gegangen und sie seien der befürchteten Vergeltung entgangen (1Mo 42,21–22). Doch wie es schon in Sprüche 13,12 steht, macht unerfüllte Hoffnung das Herz krank. In diesem Fall kann man sagen, dass ihre Herzen kurz davorstanden, bis ins Innerste hinein erschüttert zu werden.

Derselbe Verwalter, der den Männern zuvor gesagt hatte, dass er ihnen das Geld in den Sack gesteckt hatte, und sie dann ermutigte, sich nicht zu fürchten, beschuldigte sie nun, den Becher seines Herrn gestohlen zu haben. Dies war ein ähnliches Szenario. Man sollte meinen, dass einer von ihnen die richtigen Schlüsse gezogen hätte, stattdessen leisteten die Brüder ihren dritten unüberlegten Schwur innerhalb von drei Kapiteln (1Mo 42,37 und 43,9).

Ihre Worte schienen ihnen nicht sonderlich viel zu bedeuten. Jeder, der die schrecklichen Dinge täte, die sie in ihrem Leben getan hatten, würde durch Lügen und Ausflüchte versuchen, die eigene Haut zu retten. Doch wie sich herausstellte, passte ihr voreiliger Schwur perfekt zu Josephs Zielen.

> *Da ließ sogleich jeder seinen Sack zur Erde gleiten, und jeder öffnete seinen Sack. Er aber fing an zu suchen beim Ältesten und kam bis zum Jüngsten. Da fand sich der Becher in Benjamins Sack. Da zerrissen sie ihre Kleider, und jeder legte seine Last auf seinen Esel, und sie kehrten wieder in die Stadt zurück.*
> *— 1. Mose 44,11–13*

KAPITEL 12

Demütige dich vor Gott

Und Juda ging mit seinen Brüdern in das Haus Josephs – denn er war noch dort –, und sie fielen vor ihm auf die Erde nieder. Joseph aber sprach zu ihnen: Was ist das für eine Tat, die ihr begangen habt? Wusstet ihr nicht, dass ein solcher Mann, wie ich es bin, wahrsagen kann? Juda antwortete: Was sollen wir meinem Herrn sagen? Was sollen wir reden, und wie sollen wir uns rechtfertigen? Gott hat die Schuld deiner Knechte gefunden! Siehe, wir sind die Knechte unseres Herrn, wir und der, in dessen Hand der Becher gefunden worden ist!
— 1. Mose 44,14–16

Juda hatte keine Entschuldigung. Es gab keine Möglichkeit, sich zu rechtfertigen. Er sagte: »Gott hat die Schuld deiner Knechte gefunden.« Das war mehr, als sich bloß vor Joseph zu verbeugen, weil dieser eine Autoritätsposition innehatte. Jetzt begannen die Brüder, ihre Knie vor Gott zu beugen. Sie ernteten, was sie gesät hatten (Gal 6,7).

Ihre begangenen Sünden holten sie jetzt ein. Es waren böse Menschen, die ein gesetzloses Leben führten. Sie widersetzten sich Gott und auch jedem anderen. Und nun hatten sie endlich begriffen, dass »der Lohn der Sünde der Tod [ist]« (Röm 6,23).

Ich glaube, genau das war Gottes Absicht. Das ist der Grund, warum Joseph seinen Brüdern all diese Dinge antat. Es war keine

Rache. Es ging darum, ihren Eigenwillen – ihre Rebellion gegen Gott – zu brechen und sie zur Umkehr zu bringen.

> *Er aber sprach: Das sei ferne von mir, so etwas zu tun! Der Mann, in dessen Hand der Becher gefunden worden ist, soll mein Knecht sein; ihr aber zieht in Frieden zu eurem Vater hinauf! Da trat Juda näher zu ihm hinzu und sprach: Bitte, mein Herr, lass deinen Knecht ein Wort reden vor den Ohren meines Herrn, und dein Zorn entbrenne nicht über deine Knechte; denn du bist wie der Pharao! Mein Herr fragte seine Knechte und sprach: Habt ihr noch einen Vater oder Bruder? Da antworteten wir meinem Herrn: Wir haben einen alten Vater und einen jungen Knaben, der ihm in seinem Alter geboren wurde, und dessen Bruder ist tot, und er ist allein übrig geblieben von seiner Mutter, und sein Vater hat ihn lieb.*
> *— 1. Mose 44,17–20*

Juda berichtet nun, wie die Brüder zu Jakob zurückkehrt waren und ihm erklärt hatten, dass sie nur dann weiteres Getreide aus Ägypten kaufen könnten, wenn sie Benjamin mitbrächten. Er sagt, dass sie Jakob nicht dazu hatten bringen können, diesen Bedingungen zuzustimmen, weil er bereits Joseph verloren hatte und befürchtete, er könne auch noch Benjamin verlieren. Als der Hunger schließlich unerträglich geworden war, hatten die Brüder ihm das Versprechen gegeben, dass sie Benjamin wohlbehalten zurückbringen würden.

Aus Sicht der Brüder war die Information über Josephs vermeintlichen Tod nicht relevant für die gegenwärtige Situation. Doch im Kern war Judas Geständnis von der empfundenen Schuld über das geprägt, was sie Joseph angetan hatten, denn sie wussten, dass dies der Grund für all diese schrecklichen Dinge war, die ihnen nun widerfuhren.

Dies verdeutlicht, dass kein Mensch mit seiner Sünde davonkommt (4Mo 32,23). Sie lastet das ganze Leben auf uns Menschen, bis wir sie bekennen und bereuen (1Joh 1,9), und wer sich in diesem Leben nicht mit ihr auseinandersetzt, wird in der Ewigkeit mit den Folgen zu kämpfen haben (Röm 6,23).

Sinneswandel

Wenn ich nun zu deinem Knecht, meinem Vater, käme, und der Knabe wäre nicht bei mir, an dessen Seele doch seine Seele gebunden ist, so würde es geschehen, dass er stirbt, wenn er sieht, dass der Knabe nicht da ist; und so würden wir, deine Knechte, die grauen Haare deines Knechtes, unseres Vaters, vor Kummer ins Totenreich hinunterbringen. Denn dein Knecht hat sich bei meinem Vater für den Knaben verbürgt und versprochen: Wenn ich ihn dir nicht wiederbringe, so will ich vor meinem Vater die Schuld tragen mein ganzes Leben lang! Darum will nun dein Knecht als Sklave meines Herrn hierbleiben anstatt des Knaben; der Knabe aber soll mit seinen Brüdern hinaufziehen. Denn wie könnte ich zu meinem Vater hinaufziehen, ohne dass der Knabe bei mir wäre? Ich möchte das Leid nicht sehen, das meinen Vater träfe! — 1. Mose 44,30–34

Wir erinnern uns: Diese Brüder hatten Joseph in die Sklaverei verkauft (1Mo 37,27–28). Sie hatten Josephs bunten Mantel genommen, ein Tier getötet, den Mantel mit Blut beschmiert und ihn zu ihrem Vater zurückgebracht (Verse 31–32). Und Jakob zog sofort den Schluss, dass ein Tier Joseph getötet haben musste und dass sein Sohn tot war (Verse 33–34). Sie belogen ihren Vater, und Jakob begann zu trauern (Verse 34–35). Sie versuchten, ihn zu trösten, aber er wollte sich nicht trösten lassen. Jakob sagte im Grunde: »Ich werde bis zu meinem Grab um Joseph trauern.«

Zweiundzwanzig Jahre lang hatten sie Jakob ohne zu zögern Kummer und Sorgen ertragen lassen. Sie verschafften sich selbst Vorteile, indem sie ihr Problem loswurden. Sie wurden ihren jüngeren Bruder nicht nur los, sondern verdienten sogar noch etwas Geld mit seinem Elend (1Mo 37,26–27). Sie waren bereit, ihren Vater in ständigem Kummer leben zu lassen. Wenn das kein Zeichen von Hartherzigkeit ist!

Wenn diese Männer auch nur einen Funken Mitgefühl besessen hätten, dann hätten sie Jakob die Wahrheit gesagt, weil es ihnen das Herz gebrochen hätte, ihren Vater auf diese Weise leiden zu sehen. Sie ließen es jedoch einfach geschehen. Jetzt, da Benjamin weggeführt werden sollte, wussten sie, dass es Jakob umbringen würde, denn er hing mit ganzem Herzen an seinem Sohn (1Mo 44,30).

Juda sagte nun also: »Nimm mich als Sklaven, und lass die anderen zurückkehren« (Vers 33). Diese Männer waren bereit gewesen, ihrem Vater wehzutun und ihn trauern zu sehen. Sie waren bereit gewesen, Joseph zu töten, bevor sie ihn stattdessen in die Sklaverei verkauften. Es schien, als hätten sie über all dies keinerlei Reue oder Kummer empfunden. Sie hatten jahrelang die Wahrheit verschwiegen. Doch jetzt konnte Juda nicht mehr und war gewillt, sich zum Sklaven zu machen. Er und seine Brüder erfuhren gegenüber dem, was sie Joseph und Jakob zweiundzwanzig Jahre zuvor angetan hatten, einen völligen Sinneswandel.

Juda war endlich an einem Punkt angelangt, an dem er bereit war, sein Leben zum Wohle seiner Brüder und insbesondere seines Vaters zu opfern. Nachdem er zweiundzwanzig Jahre lang über die ganze Situation gelogen hatte, war er nun endlich bereit, das Richtige zu tun. Juda war gewillt, eine gewisse Verantwortung zu übernehmen.

Ich glaube, genau das war der Sinn von Josephs Träumen. Es ging nicht einfach darum, dass die Brüder ihre Knie vor Joseph beugten. Es ging darum, sie an einen Punkt zu bringen, an dem sie sich demütigen würden. In Wahrheit beugten sie sich vor Gott. Diese Männer hatten Gott getrotzt. Durch ihre Lebensweise hatten sie Gott die Faust ins Gesicht geschüttelt. Und Gott gebrauchte Joseph, um sie ans Ende ihrer selbst zu bringen.

Der Moment der Wahrheit

Da konnte sich Joseph nicht länger bezwingen vor allen, die um ihn herstanden, und er rief: Lasst jedermann von mir hinausgehen! Und es stand kein Mensch bei ihm, als Joseph sich seinen Brüdern zu erkennen gab. Und er weinte laut, sodass die Ägypter und das Haus des Pharao es hörten. Und Joseph sprach zu seinen Brüdern: Ich bin Joseph! Lebt mein Vater noch? Aber seine Brüder konnten ihm nicht antworten, so bestürzt waren sie vor ihm. — 1. Mose 45,1–3

Das ist einfach erstaunlich. Diese Brüder hatten keine Ahnung, dass sie es die ganze Zeit mit Joseph zu tun gehabt hatten. Als er dann sagte: »Ich bin Joseph«, heißt es, dass seine Brüder bestürzt waren. Das dürfte eine ziemliche Untertreibung sein.

Die Bibel hält sich bei der Beschreibung von Dingen manchmal sehr zurück, so auch, als Gott Himmel und Erde schuf (1Mo 1,1). Er sah das Licht und in der Bibel heißt es, »dass es gut war« (1Mo 1,4). Die Art und Weise, wie Gott alles erschaffen hat, war grandios, aber wir mit unseren kleinen Spatzenhirnen können uns nicht einmal ansatzweise vorstellen, wie es wirklich gewesen sein muss. Deshalb sagt die Bibel einfach: »Es war *gut*.« Doch es war mehr als das – es war absolut perfekt!

Ich kann es mir nur vorstellen, was diese Brüder gedacht haben müssen, als sie endlich erkannten, dass der Mann, der sie beschuldigt hatte, Spione zu sein, der Simeon eingesperrt hatte, der gedroht hatte, sie alle zu Sklaven zu machen, und der dann drohte, Benjamin als Sklaven zu behalten, in Wirklichkeit Joseph war. Plötzlich fügten sich alle Teile des Puzzles zusammen.

Als die Brüder erkannten, dass Joseph derjenige war, mit dem sie es zu tun hatten, müssen sie zutiefst erschrocken sein. Sie müssen sich gefürchtet haben, weil sie wussten, dass sie alles, was Joseph ihnen antun würde, verdient hätten. Wenn Joseph abgesehen von dem einen alle zehn anderen auf der Stelle getötet hätte, wäre es verdient gewesen. Und ich glaube, diese Erkenntnis dämmerte den Brüdern langsam.

> *Da sprach Joseph zu seinen Brüdern: Tretet doch her zu mir! Als sie nun näher kamen, sprach er zu ihnen: Ich bin Joseph, euer Bruder, den ihr nach Ägypten verkauft habt! Und nun bekümmert euch nicht und macht euch keine Vorwürfe darüber, dass ihr mich hierher verkauft habt; denn zur Lebensrettung hat mich Gott vor euch hergesandt!*
> *— 1. Mose 45,4–5*

Dies zeigt eindeutig, dass Joseph nicht verbittert war. Er sagte nicht: »Ich hoffe, ihr habt eure Lektion gelernt.« Er versuchte vielmehr, sie zu trösten, indem er ihnen sagte: »Macht euch keine Vorwürfe. Seid nicht enttäuscht von euch selbst. Gott hat das alles benutzt. Gott hat mich hierhergeschickt, um Leben zu retten.« Joseph hatte einfach eine großartige Einstellung.

Zieht nun schnell zu meinem Vater hinauf und sagt ihm: So spricht dein Sohn Joseph: Gott hat mich zum Herrn über ganz Ägypten gesetzt; komm zu mir herab, zögere nicht! Und du sollst im Land Gosen wohnen und nahe bei mir sein, du und deine Kinder und deine Kindeskinder, deine Schafe und deine Rinder und alles, was dir gehört! … Und du, ordne dies an: Ihr sollt so handeln: Nehmt euch Wagen mit aus dem Land Ägypten für eure Kinder und Frauen und bringt euren Vater mit und kommt; und euer Hausrat darf euch nicht reuen; denn das Beste des ganzen Landes Ägypten soll euch gehören! — 1. Mose 45,9–10.19–20

Joseph befahl ihnen, mit beladenen Wagen nach Kanaan zurückzukehren. Er gab ihnen alle Arten von Lebensmitteln und Vorräten mit, dazu noch Wagen, Pferde und Vieh. Er wies seine Brüder an, ihren Vater zu holen und ihn mit nach Ägypten zu bringen. Und sie alle sollten auch ihre Familien mitbringen und sich von der Güte Ägyptens versorgen lassen. Joseph sagte ihnen, sie bräuchten keinen eigenen Hausrat mitzubringen, denn der ganze Reichtum Ägyptens gehöre ihnen. Sie konnten haben, was immer sie wollten. Das ist fantastisch!

Damit entließ er seine Brüder, und sie gingen, und er sprach zu ihnen: Streitet nicht auf dem Weg! — 1. Mose 45,24

Mit seiner Aufforderung, sich nicht zu streiten, sagte er im Grunde: »Sorgt dafür, dass ihr geschlossen handelt und tut, was ich euch aufgetragen habe.« Da diese Männer jahrzehntelang gelogen und sich miserabel benommen hatten, wollte Joseph sicherstellen, dass sie die Anweisungen auch wirklich befolgten. Es erforderte viel Vertrauen seitens Josephs, seine Brüder mit all diesen Reichtümern einfach ziehen zu lassen. Man muss ihnen aber zugutehalten, dass sie tatsächlich nach Kanaan zurückkehrten, um ihren Vater und ihre Familien zu holen, so wie Joseph es befohlen hatte.

Ein freudiges Wiedersehen

So reisten sie von Ägypten hinauf und kamen in das Land Kanaan zu ihrem Vater Jakob; und sie berichteten ihm und sprachen: Joseph lebt noch und ist Herrscher über das ganze Land Ägypten! Aber sein Herz blieb kalt, denn er glaubte ihnen nicht. Da sagten sie ihm alle Worte, die Joseph zu ihnen geredet hatte. Und als er die Wagen sah, die Joseph gesandt hatte, um ihn abzuholen, da wurde der Geist ihres Vaters Jakob lebendig, und Israel sprach: Für mich ist es genug, dass mein Sohn Joseph noch lebt! Ich will hingehen und ihn sehen, bevor ich sterbe! — 1. Mose 45,25–28

Was muss Jakob gedacht haben, als er all die Wagen, Esel und Vorräte sah, die Joseph schickte? Noch bevor er die Geschichte hörte, die seine Söhne ihm erzählten, muss er gewusst haben, dass etwas Wunderbares geschehen war. Ich kann mir nur vorstellen, was Jakob dachte, als er erfuhr, dass Joseph noch am Leben war, nachdem er ihn zweiundzwanzig Jahre lang für tot gehalten hatte. Und Joseph war nicht nur am Leben, sondern auch der zweitmächtigste Mann auf dem Planeten.

Diese Situation hätte für die Brüder, aber auch für Jakob sehr schwierig werden können. Welche Rechtfertigung hätten sie für ihre Taten vorbringen können? Wie mögen sie sich gefühlt haben, als ihr Vater erkannte, dass der Kummer, den er in den letzten zweiundzwanzig Jahren tagtäglich empfunden hatte, Zeitverschwendung und lediglich das Resultat ihrer Lügen war? All dies hätte zu einem irreparablen Bruch in Jakobs Beziehung zu den Söhnen führen können, die ihn betrogen hatten, aber die Freude darüber, dass Joseph noch lebte, überwog Jakobs Zorn, und er machte sich bereit, seinen Sohn wiederzusehen.

> *Da spannte Joseph seinen Wagen an und fuhr seinem Vater Israel nach Gosen entgegen. Und als er ihn sah, fiel er ihm um den Hals und weinte lange an seinem Hals. Und Israel sprach zu Joseph: Nun will ich gerne sterben, nachdem ich dein Angesicht geschaut habe und sehe, dass du noch lebst!*
> *— 1. Mose 45,29–30*

Wie oft hatte sich Joseph während seiner zweiundzwanzig Jahre in Ägypten danach gesehnt, seinen Vater wiederzusehen? Er hatte als Sklave gedient, war zu Unrecht ins Gefängnis geworfen worden und hielt währenddessen an den Träumen fest, die Gott ihm gegeben hatte. Tatsächlich zeigte Josephs zweiter Traum, dass sowohl seine Brüder als auch sein Vater sich vor ihm verbeugten (1Mo 37,9), daher glaubte er sicher, dass sie sich wiedersehen würden. Jakob hingegen hatte, wie wir wissen, die ganze Zeit über gedacht, sein Sohn sei tot.

Als Joseph schließlich Jakob gegenüberstand, umarmten sie sich lange und weinten am Hals des jeweils anderen. Endlich waren sie wieder vereint.

> *Joseph aber sprach zu seinen Brüdern und zu dem Haus seines Vaters: Ich will hinaufgehen und es dem Pharao*

berichten und ihm sagen: Meine Brüder und das Haus meines Vaters, die in Kanaan waren, sind zu mir gekommen; und die Männer sind Schafhirten, sie sind Viehzüchter und haben ihre Schafe und Rinder und alles, was ihnen gehört, mitgebracht. … Da sprach der Pharao zu Joseph: Dein Vater und deine Brüder sind zu dir gekommen; das Land Ägypten steht dir offen; lass deinen Vater und deine Brüder am besten Ort des Landes wohnen! Im Land Gosen sollen sie wohnen; und wenn du weißt, dass unter ihnen tüchtige Leute sind, so setze sie zu Aufsehern über meine Herden!
— 1. Mose 46,31–32 und 47,5–6

Joseph stellte seine Familie vor, und der Pharao wies sie an, in das Land Gosen zu gehen. Es ist gut möglich, dass Joseph in den neun Jahren, in denen er und der Pharao sich kannten, ihm irgendwann erzählt hatte, was ihm von seinen Brüdern angetan worden war, jedoch zeigte der Pharao sich ihnen gegenüber nicht geringschätzig.

Die säkulare Geschichtsschreibung kennt dieses Land Gosen nicht, doch in 1. Mose 47,11 wird es synonym als »Gebiet von Ramses« bezeichnet. Dieser Teil Ägyptens ist historisch tatsächlich gut belegt. Außerdem heißt es in 2. Mose 1,11, dass die Israeliten »dem Pharao die Vorratsstädte Pitom und Ramses [bauten]«, die ebenfalls hinlänglich bekannt sind. Dieses Land Gosen lag also im östlichen Teil Ägyptens, östlich des Nils. Der Pharao bezeichnete es als das beste Land Ägyptens (1Mo 47,6), das für Jakobs Herden sicherlich gut geeignet war und ihm weiteren Wohlstand bescherte.

Einen Segen erteilen

Als aber Israel die Söhne Josephs sah, fragte er: Wer sind diese? Joseph antwortete: Es sind meine Söhne, die mir Gott hier geschenkt hat! Er sprach: Bringe sie doch her zu mir, dass ich sie segne! … Danach nahm Joseph sie beide, Ephraim in seine Rechte, zur Linken Israels, und Manasse in seine Linke, zur Rechten Israels, und brachte sie zu ihm. Da streckte Israel seine Rechte aus und legte sie auf Ephraims Haupt, obwohl er der Jüngere war, seine Linke aber auf Manasses Haupt, indem er so seine Hände kreuzte, obwohl Manasse der Erstgeborene war. — 1. Mose 48,8–9.13–14

Joseph brachte seine beiden Söhne Manasse und Ephraim zu Jakob, um sie von ihm segnen zu lassen. Joseph führte die Kinder in gezielter Weise zu Jakob, da die rechte Hand den größeren Segen bereithielt. Doch Jakob kreuzte die Hände, sodass seine linke Hand auf dem Kopf des Erstgeborenen zu liegen kam und seine rechte Hand auf dem Kopf des Zweitgeborenen. Joseph versuchte noch, Jakobs Hände anders zu positionieren.

Als aber Joseph sah, dass sein Vater die rechte Hand auf Ephraims Haupt legte, missfiel es ihm; darum ergriff er die Hand seines Vaters, um sie von Ephraims Haupt auf Manasses Haupt zu wenden. Dabei sprach Joseph zu seinem Vater: Nicht so, mein Vater; denn dieser ist der Erstgeborene; lege deine Rechte auf sein Haupt! Aber sein Vater weigerte sich und sprach: Ich weiß es, mein Sohn, ich weiß es wohl! Auch er soll zu einem Volk werden, und auch er soll groß sein; aber doch soll sein jüngerer Bruder größer werden, und sein Same wird eine Menge von Völkern sein!

So segnete er sie an jenem Tag und sprach: Mit dir wird man sich in Israel segnen und sagen: Gott mache dich wie Ephraim und Manasse! So setzte er Ephraim dem Manasse voran.
— 1. Mose 48,17–20

Letztendlich bekam der jüngere Sohn den Segen, und das würde später in der Geschichte der Juden noch eine wichtige Bedeutung haben. Ephraim wurde der führende Stamm, obwohl Manasse der Erstgeborene war. Auch Jakob war ein Zweitgeborener, und dennoch hatte er sich gegen Esau durchgesetzt (1Mo 25,25–26). Er prophezeite das Gleiche über Ephraim.

Als Jakob später dann im Sterben lag, rief er alle seine Söhne zu sich und segnete sie (1Mo 49,1–27). Jakob starb (1Mo 49,33) und Joseph fiel weinend auf das Gesicht seines Vaters (1Mo 50,1). Es fällt auf, dass die Bibel ausdrücklich darauf hinweist, dass es Joseph war, der beim Tod Jakobs so offen seine Zuneigung zeigte. Es ist möglich, dass auch die anderen Kinder sich so verhielten. Denkbar ist aber auch, dass die Lüge der zehn Brüder über Josephs angeblichen Tod das Verhältnis zu ihrem Vater belastet hatte und sie deshalb nicht dieselbe Zuneigung zu ihm empfanden. Ihre Taten könnten uns durchaus zu diesem Schluss führen.

Nachdem Jakob gestorben war, brachten sie ihn zurück nach Israel und legten ihn in die Grabstätte von Abraham und Isaak (1Mo 50,7–13). Danach kehrten Joseph und seine Brüder nach Ägypten zurück. Aber wozu gingen Joseph und seine Familie nach Ägypten zurück, obwohl die Hungersnot doch vorüber war und die Kinder Israels überlebt hatten?

Zunächst einmal waren Josephs Leben und seine Identität gänzlich mit Ägypten verbunden. Er hatte dort mehr Zeit verbracht als in Kanaan, und er war der zweithöchste Befehlshaber nach dem Pharao. Zudem ging es Josephs Brüdern und ihren

Familien in Ägypten gut, da Gosen der beste Teil des Landes war (1Mo 47,6). Abgesehen davon hatte der Herr prophezeit, dass sie Ägypten nicht dauerhaft verlassen und nach Kanaan zurückkehren würden, bis die in 1. Mose 15,13 erwähnten vierhundert Jahre vorbei waren.

Wohlwollen zusichern

> *Als nun Josephs Brüder sahen, dass ihr Vater gestorben war, sprachen sie: Joseph könnte gegen uns feindselig werden und uns all die Bosheit vergelten, die wir an ihm verübt haben!*
> *— 1. Mose 50,15*

Als Jakob schließlich starb, fürchteten Josephs Brüder, dass Joseph sich an ihnen rächen könnte (1Mo 50,15–17). Sie dachten wohl, er habe sie nur deshalb so gut behandelt, weil Jakob noch am Leben gewesen war.

Es war sicher nicht Josephs Schuld, dass seine Brüder so empfanden. Joseph hatte ihnen bereits gesagt, dass er ihnen nichts nachtrug. Für ihn war Gott derjenige gewesen, der ihn nach Ägypten geschickt hatte, um als Lebensretter zu dienen (1Mo 45,3–6). Es war vielmehr ihr eigenes Gewissen, dass diese Angst bei den Brüdern hervorrief (Joh 8,9).

Das Gleiche gilt für uns: Verurteilung kommt nicht vom Herrn (Röm 8,1), sondern von unserem eigenen Gewissen (Röm 2,15 und 1Joh 3,19–21). Wir müssen unser Gewissen von toten Werken reinigen (Hebr 9,14), bevor wir dem lebendigen Gott ungehindert dienen können.

Darum ließen sie Joseph sagen: Dein Vater befahl vor seinem Tod und sprach: So sollt ihr zu Joseph sagen: Bitte, vergib doch deinen Brüdern die Schuld und ihre Sünde, dass sie so Böses an dir getan haben! So vergib nun den Knechten des Gottes deines Vaters ihre Schuld! Da weinte Joseph, als sie ihm das sagen ließen. Dann gingen seine Brüder selbst hin und fielen vor ihm nieder und sprachen: Siehe, wir sind deine Knechte! — 1. Mose 50,16–18

Dies war eine glatte Lüge, weil die Brüder kein Vertrauen in Joseph hatten, und es brach ihm das Herz, dass seine Brüder ihm nicht glaubten. Sie glaubten nicht wirklich, dass er ihnen vergeben hatte und sie liebte. Und so betrübt es auch den Geist Gottes, wenn wir nicht die völlige Freiheit von jeglicher Verurteilung empfangen, die er für uns bereithält. Sicher, Josephs Brüder hatten seine Freundlichkeit nicht verdient, genauso wenig, wie wir Gottes Güte verdient haben. Doch Joseph erwies sie ihnen trotzdem, so wie Gott uns seine bedingungslose Liebe durch Jesus erwiesen hat.

Seine Brüder fielen nun zum fünften und letzten Mal vor seinem Angesicht nieder. Sie empfanden immer noch die Verurteilung und Schuld für das, was sie Joseph angetan hatten, und waren deshalb bereit, sich für den Rest ihres Lebens zu Sklaven zu machen. Joseph wollte seine Brüder nicht als seine Sklaven haben; er wollte, dass sie seine Vergebung empfingen und sie alle wieder eine Familie sein konnten. Ähnlich hat Jesus uns aus unserem Sklavendasein befreit und zu Kindern und Erben Gottes gemacht (Gal 4,7).

Aber Joseph sprach zu ihnen: Fürchtet euch nicht! Bin ich denn an Gottes Stelle? Ihr gedachtet mir zwar Böses zu tun; aber Gott gedachte es gut zu machen, um es so hinauszuführen, wie es jetzt zutage liegt, um ein zahlreiches

Volk am Leben zu erhalten. So fürchtet euch nun nicht; ich will euch und eure Kinder versorgen! Und er tröstete sie und redete freundlich mit ihnen. — 1. Mose 50,19–21

Joseph sagte: »Ich habe euch nie etwas vorgeworfen. Ich würde mich nie an euch rächen. Gott hat mich um euretwillen hierhergeschickt.« Joseph war seinen Brüdern gegenüber überhaupt nicht feindselig eingestellt. Er hatte ihnen voll und ganz verziehen.

Joseph kannte seinen Platz, und der lag nicht darin, den Platz einzunehmen, den nur Gott rechtmäßig ausfüllen kann. Es gibt nur einen Gott, und der sind nicht wir. Wir täten alle gut daran, uns das zu merken. Joseph hätte seine Brüder jederzeit ins Gefängnis werfen oder sie töten lassen können, aber er tat es nicht. Joseph hatte sich seine Macht und seinen Einfluss nicht zu Kopf steigen lassen.

Joseph war siebzehn Jahre alt, als seine Brüder ihn in die Sklaverei verkauften, und dreißig, als er zum ersten Mal vor dem Pharao stand. Er diente als zweitmächtigster Mann in Ägypten während sieben Jahren des Überflusses und sieben Jahren der Dürre. Er heiratete, gründete eine Familie, versöhnte sich mit seinen Brüdern und wurde wieder mit seinem Vater vereint. Er starb im Alter von 110 Jahren und lebte lange genug, um noch seine Ur-Ur-Enkelkinder zu sehen.

Insgesamt war Josephs Leben über alle Maßen gesegnet. Gott sei gelobt, dass er in diesen dreizehn Jahren der Sklaverei und Gefangenschaft in seinem Glauben nie wankend wurde. Ebenso ist uns, auch wenn wir schwere Zeiten durchmachen (Joh 16,33), der Sieg verheißen, und wir werden ihn ernten, »wenn wir nicht ermatten« (Gal 6,9).

SCHLUSSWORT

Ihr zwar, ihr hattet Böses gegen mich beabsichtigt; Gott aber hatte beabsichtigt, es zum Guten zu wenden, um zu tun, wie es an diesem Tag ist, ein großes Volk am Leben zu erhalten.
— 1. Mose 50,20 ELB

Das erinnert mich an Römer 8,28, wo Paulus schreibt: »Und wir wissen, dass denen, die Gott lieben, alle Dinge zum Besten dienen, denen, die nach dem Vorsatz berufen sind.« Ich denke, das ist vielleicht eine der wichtigsten Lektionen, die wir aus Josephs Leben lernen können.

Dieser Vers aus dem Römerbrief wurde vielfach so interpretiert, dass alles, was uns widerfährt, von Gott kommt, der es zum Guten für uns wirken lässt. Doch das ist nicht die Aussage des Verses. Es steht dort nicht, dass alle Dinge von Gott kommen. Er besagt nur, dass Gott die Dinge zusammenwirken lassen und zum Guten hinausführen kann.

Gott hatte für Joseph nicht vorherbestimmt, dass er erst ein Sklave und dann ein Gefangener sein würde. Allerdings glaube ich, dass Gott die Brüder dazu bewegte, Joseph in die Sklaverei zu verkaufen, anstatt ihn zu töten. Von den Möglichkeiten, die sie hatten, war dies die eine, die ihnen tatsächlich zum Vorteil gereichte, denn schlussendlich wurden dadurch alle Kinder Jakobs und die Menschen in Ägypten gerettet. Joseph war ein Werkzeug Gottes, um seine Brüder zur Einsicht und zur Umkehr zu bringen. Er blieb Gott treu.

Dies ist ein Beispiel dafür, wie Gott die Dinge zum Guten fügen kann. Und ich glaube, das ist es, was Joseph seinen Brüdern vermitteln wollte. Was sie zum Bösen gedacht hatten, führte Gott zum Guten zusammen, denn Joseph liebte den Herrn und war nach seinem Vorsatz berufen.

Mir haben Menschen in böser Absicht schon so manches angetan. Doch weil ich Gott liebte und tat, wozu er mich berufen hatte, hat er diese Dinge zum Guten gewendet. Wenn ich mir die schlimmen Dinge ansehe, die mir widerfahren sind, kann ich sagen, dass alles zum Guten geführt wurde. Gott kann alles, was dir widerfährt, zum Guten wenden, doch du kannst Gott nicht dafür verantwortlich machen, dass diese Dinge überhaupt passieren.

Du solltest dich deinen Problemen nicht einfach fügen und sie hinnehmen, denn diese Dinge kommen in dein Leben, um zu stehlen, zu töten und zu zerstören (Joh 10,10). Man muss diesen Dingen widerstehen (Jak 4,7). Nur wenn du ihnen widerstehst und deinen Glauben einsetzt, wirken diese Dinge zum Guten zusammen.

Eine weitere wichtige Erkenntnis aus Josephs Leben ist die Tatsache, dass er sich hinsichtlich der Erfüllung seiner Träume voll und ganz auf Gott verließ. Er nahm die Dinge nicht selbst in die Hand, auch später nicht, als er zum Herrscher über Ägypten wurde und seine Brüder hätte zwingen können, sich vor ihm zu verbeugen. Diese Abhängigkeit von Gott macht wahre Demut aus, und die ist selten.

Mangelnde Demut und nicht abgelegter Eigenwille sind wahrscheinlich die größten Einfallstore für Satan in unser Leben. Wenn Gott uns nicht in dem Maß voranbringt, wie er es bei Joseph getan hat, dann deshalb, weil er uns dafür zu sehr liebt. Der Herr weiß, dass wir nicht in der Lage wären, mit den Angriffen des Teufels auf uns fertigzuwerden.

Joseph hätte murren und sich über seine Situation beklagen können. Er hätte seine Moral über Bord werfen und gegen Gott sündigen können, als er die Gelegenheit dazu hatte. Er hätte seinen Brüdern gegenüber verbittert sein und sie mit Unversöhnlichkeit bestrafen können. Er hätte einfach denken können: *Was soll das alles bringen? Es weiß ja nicht einmal jemand, wo ich bin. Ich werde nie aus diesem Gefängnis herauskommen.* Aber Joseph hat nichts von alledem getan.

Er hielt an den Träumen fest, die Gott ihm gegeben hatte, und vertraute darauf, dass sie in Erfüllung gehen würden. Joseph vertraute Gott und ließ ihn all diese Dinge zusammenwirken und zum Guten wenden. Weil er seine Träume nicht vergaß und dem Herrn vertraute, profitierten sein Vater und seine Brüder, Ägypten profitierte, und Gott bekam die ganze Ehre dafür. Amen!

WEITERFÜHRENDES LEHRMATERIAL

Wenn dir dieses Buch gefallen hat und du mehr über einige der Dinge erfahren möchtest, die ich hier vermittelt habe, empfehle ich dir folgende meiner Lehreinheiten:

- Gottes Willen finden, befolgen, erfüllen
- Die Macht deiner Vorstellungskraft
- Ten Godly Leadership Essentials
- Exzellenz: Wie man einen Geist der Exzellenz erlangt
- Von David lernen: Wie man Riesen bezwingt
- Lessons from Elijah
- Mehr Gnade, größere Gunst

EMPFANGE JESUS ALS DEINEN RETTER

Jesus Christus als deinen Herrn und Retter anzunehmen, ist die wichtigste Entscheidung, die du jemals treffen wirst! Gottes Wort verspricht:

> *Denn wenn du mit deinem Mund Jesus als den Herrn bekennst und in deinem Herzen glaubst, dass Gott ihn aus den Toten auferweckt hat, so wirst du gerettet. Denn mit dem Herzen glaubt man, um gerecht zu werden, und mit dem Mund bekennt man, um gerettet zu werden. — Römer 10,9–10*
> *Denn: »**Jeder, der den Namen des Herrn anruft, wird gerettet werden**«. — Römer 10,13*

In seiner Gnade hat Gott bereits alles getan, um dir Errettung anbieten zu können. Dein Teil besteht einfach nur darin, zu glauben und zu empfangen. Bete laut:

> *Jesus, ich bekenne, dass du mein Herr und Retter bist. Ich glaube in meinem Herzen, dass Gott dich von den Toten auferweckt hat. Im Glauben an dein Wort empfange ich jetzt die Errettung. Danke, dass du mich erlöst hast!*

Im selben Moment, in dem du dein Leben Jesus Christus übergibst, erfüllt sich augenblicklich die Wahrheit seines Wortes in deinem Geist. Weil du von neuem geboren bist, besitzt du jetzt ein völlig neues Ich!

EMPFANGE DEN HEILIGEN GEIST

Dein dich liebender himmlischer Vater möchte dir als seinem Kind die übernatürliche Kraft geben, die du brauchst, um dieses neue Leben auch auszuleben.

> *Denn jeder, der bittet, empfängt; und wer sucht, der findet; und wer anklopft, dem wird aufgetan. … wie viel mehr wird der Vater im Himmel [den] Heiligen Geist denen geben, die ihn bitten! — Lukas 11,10.13b*

Alles, was du tun musst, ist bitten, glauben und empfangen! Bete:

> *Vater, ich erkenne, dass ich deine Kraft brauche, um dieses neue Leben auszuleben. Bitte erfülle mich mit deinem Heiligen Geist. Im Glauben empfange ich ihn genau jetzt! Danke, dass du mich getauft hast. Heiliger Geist, du bist in meinem Leben willkommen!*

Gratuliere – du bist jetzt mit Gottes übernatürlicher Kraft erfüllt!

Einige Silben einer dir unbekannten Sprache werden nun aus deinem Herzen zu deinem Mund aufsteigen. Wenn du sie im Glauben laut aussprichst, setzt du Gottes Kraft in deinem Inneren frei und erbaust dich selbst im Geist (1Kor 14,4.14). Du kannst dies tun, wann und wo immer du möchtest!

Es spielt eigentlich keine Rolle, ob du etwas gespürt hast oder nicht, als du gebetet hast, um den Herrn und seinen Geist zu empfangen. Wenn du in deinem Herzen geglaubt hast, dass du empfangen hast, dann ist es auch so, denn Gottes Wort verspricht: »Darum sage ich euch: Alles, was ihr auch immer im Gebet erbittet, glaubt, dass ihr es empfangt, so wird es euch zuteilwerden!« (Mk 11,24). Gott ist seinem Wort immer treu. Glaub es!

Bitte nimm Kontakt zu uns auf und lass es uns wissen, wenn du eines oder beide dieser Gebete gebetet hast. Wir würden uns gern mit dir freuen und dir ein Geschenk zusenden, das dir hilft, deine neue Beziehung zum Herrn zu verstehen und darin zu wachsen.

Damit wollen wir dir einfach sagen: *Willkommen in deinem neuen Leben!*

ANMERKUNGEN

1. T. E. Lawrence, *Seven Pillars of Wisdom*: A Triumph, Delhi: Oxford University Press, 1940, 23, Stand: 7. März 2023, https://archive.org/details/in.ernet.dli.2015.462697/page/n21/mode/2up.
2. »WHO Coronavirus (COVID-19) Dashboard«, Weltgesundheitsorganisation, Stand: 9. Mai 2023, https://covid19.who.int/.
3. »U.S. and World Population Clock«, United States Census Bureau, Stand: 9. Mai 2023, https://www.census.gov/popclock/.
4. »Influenza: 1918 Pandemic«, Centers for Disease Control and Prevention, Stand: 1. Mai 2023, https://www.cdc.gov/flu/pandemic-resources/1918-pandemic-h1n1.html.
5. »Historical Estimates of World Population«, United States Census Bureau, Stand: 9. Mai 2023, https://www.census.gov/data/tables/time-series/demo/international-programs/historical-est-worldpop.html.
6. *Strong's Definitions*, s.v. »מְנַשֶּׁה« (»menaššê«), Stand: 10. Mai 2023, https://www.blueletterbible.org/lexicon/h4519/kjv/wlc/0-1/.
7. *Strong's Definitions*, s.v. »אֶפְרַיִם« (»eprayim«), Stand: 10. Mai 2023, https://www.blueletterbible.org/lexicon/h669/kjv/wlc/0-1/.

ÜBER DEN AUTOR

Als **Andrew Wommack** am 23. März 1968 der übernatürlichen Liebe Gottes begegnete, wurde sein Leben für immer verändert. Seit vielen Jahrzehnten bereist Andrew Amerika und die Welt und lehrt die Wahrheit des Evangeliums. Seine tiefe Offenbarung von Gottes Wort vermittelt er mit Klarheit und Schlichtheit. Dabei legt er seinen Schwerpunkt auf Gottes bedingungslose Liebe und das Gleichgewicht zwischen Gnade und Glauben. Mit seinem Programm auf *GospelTruth.TV* erreicht er fast die Hälfte der Weltbevölkerung. 1994 gründete er das *Charis Bible College* (Charis) und hat seither Charis-Standorte in verschiedenen Großstädten Amerikas und weltweit eröffnet. Andrew hat eine Fülle an Lehrmaterial in gedruckter Form und im Audio- und Videoformat veröffentlicht, von dem das meiste kostenlos von seiner Website abgerufen werden kann.

Du kannst das AWM-Team per Brief, Mail
oder Telefon kontaktieren:

Andrew Wommack Ministries gGmbH
Postfach 56 03 02, 60407 Frankfurt am Main, Deutschland
info@andrewwommack.de | +49 69 64357850
Gebets-Hotline: +49 69 643578578
www.andrewwommack.de

Gospel Truth

mit Andrew Wommack

Veränderte **Herzen**

Erneuertes **Denken**

Verändertes **Leben**

Zeugnisse kommen von Menschen aus aller Welt,
die sich in das Wort Gottes vertieft haben.

Sieh Andrew Wommack in der täglichen
Gospel Truth Fernsehsendung.
Du findest die lokalen Sendezeiten und kannst
die Sendungen online unter andrewwommack.de/video
oder awmi.net/video anschauen.

Die Macht deiner Vorstellungskraft

Oft beten Gläubige ohne sichtbaren Erfolg. Das liegt daran, dass ihnen die Macht ihrer Vorstellungskraft nicht bewusst ist! Lass dir von Gott ein Bild deiner Zukunft vor dein geistiges Auge malen. Dann kann dich nichts aus der Bahn werfen und du siehst dich immer auf der Gewinnerseite!

159 Seiten, Paperback, ISBN 978-3-95933-216-3
Auch als E-Book erhältlich.

Mehr Gnade, größere Gunst

In *Mehr Gnade, größere Gunst* vermittelt Andrew Wommack lebensverändernde Erkenntnisse über den biblischen Zusammenhang zwischen Demut und Segen. Lerne Gottes auf den Kopf gestellten Weg zum Erfolg kennen und erlebe die Gunst des Herrn in unvorstellbaren Maßen!

215 Seiten, Paperback, ISBN 978-3-95933-232-3
Auch als E-Book erhältlich.

www.gracetoday.de

Ein sicheres Fundament

Deine Sicht von Gottes Wort ist entscheidend. Dein Glaubensfundament bekommt Risse, wenn Satan dich dazu bringen kann, an Gottes Wort zu zweifeln. Deshalb gründe dein Leben fest auf die unerschütterliche Wahrheit des Wortes Gottes, dann wird dir nichts unmöglich sein (Markus 9,23).

208 Seiten, Paperback, ISBN 978-3-95933-270-5
Auch als E-Book erhältlich.

Ein verhärtetes Herz

Ein verhärtetes Herz verhindert, dass wir die Stimme des Herrn hören und uns in unserem Alltag von ihm leiten lassen. Der Zustand unseres Herzens hängt davon ab, worauf unsere Aufmerksamkeit gerichtet ist. Verschaffe dir Klarheit, wie Glaube und Unglaube sich zueinander verhalten.

102 Seiten, Paperback, ISBN 978-3-95933-230-9
Auch als E-Book erhältlich.

Weitere Bücher von Andrew Wommack:

Dein neues Ich & der Heilige Geist

Leben in Gottes Fülle

Du hast schon alles, was du brauchst!

Die Vollmacht des Gläubigen

10 Gründe für ein Leben mit dem Heiligen Geist

Heilung: Gottes Wille für dich

Ein besserer Weg zu beten

Wie man auf dem Wasser geht

Begrenze Gott nicht